전쟁과 농업

전쟁과 농업
먹거리와 농업을 통해 본 현대 문명의 그림자

지은이 | 후지하라 다쓰시
옮긴이 | 최연희
초판 1쇄 발행 | 2020년 8월 20일

펴낸곳 | 도서출판 따비
펴낸이 | 박성경
편 집 | 신수진
디자인 | 이수정

출판등록 2009년 5월 4일 제2010-000256호
주소 서울시 마포구 월드컵로28길 6(성산동, 3층)
전화 02-326-3897
팩스 02-6919-1277
이메일 tabibooks@hotmail.com

인쇄·제본 영신사

ISBN 978-89-98439-83-5 03900
값 14,000원

이 도서의 국립중앙도서관 출판예정도서목록(CIP)은 서지정보유통지원시스템
홈페이지(http://seoji.nl.go.kr)와 국가자료종합목록 구축시스템(http://kolis-net.nl.go.kr)에서
이용하실 수 있습니다. (CIP제어번호 : CIP2020032166)

전쟁과 농업

**먹거리와 농업을 통해 본
현대 문명의 그림자**

후지하라 다쓰시 지음 | 최연희 옮김

따비

차례

옮긴이 서문

이 책(원서명《戰爭と農業》, 東京: 集英社, 2017)의 저자 후지하라 다쓰시藤原辰史는 일본의 농업사 연구자로, 주로 인간의 권력관계에 초점이 맞춰진 종래의 농업사에서 탈피하여 식문화 전반에 대한 농업사상사적 접근이나 부엌·농기계의 역사 등 농업기술사 방면의 연구를 통해 사회사적·환경사적 측면에서 농업사의 재구축을 시도하고 있다. 특히 현대의 식문화를 이루는 갖가지 요소, 이를테면 부엌과 농장(공간), 냉장고와 농기계(테크놀로지), 세제와 농약(화학), 전시와 평시(시대) 등 일견 무관계한 것으로 보이는 분야의 요소를 동일한 차원 안에 배치함으로써 기아와 빈곤, 먹거리의 열화劣化, 농민의 자살 증가 등 음식의 소비와 생산을 둘러싼 오늘날의 여러 문제를 새롭게 파악하는 작업을 이어나가고 있다.

저자의 학자 경력의 출발점이 된 박사논문 〈나치독일의 유기농법〉에서 나아가《역사서의 기쁨》이나 1차 세계대전에 관한 여러 공저서,《급식의 역사》나《트랙터의 세계사》같은 단독 저서에 이르기까지 저자의 학문적 문제의식의 주요 부분을 점해온 것은 역사, 특히 식량 문제가 항상 첨예하게 대두되는 전쟁사이며, 바로 이러한 지적 배경에서 저자는 농업과 전쟁의 "놀랄 만한 상호 관련"에 관해 이야기한다.

이 책은, 이처럼 농업사, 환경사, 독일 현대사 전문가인 저자가 각 방면의 지식을 동원하여 일본의 여러 곳, 그중에서도 주로─원서의 담당 편집자에 의하면 "몸통과 두뇌 양쪽에 영양이 고루 미친"─'식당 부속 대학'이라는 시민 강연에서 이야기한 내용에 살을 붙여 여섯 차례의 강의 형식으로 정리한 것이다.

저자는 20세기에 들어서 전쟁과 정치의 양상이 노골적으로 변질된 밑바탕에는 효율을 중시한 먹거리의 시스템과 그것을 밑받침하는 농업의 구조가 있었다고 이야기한다. 농업 기술의 발전은 전쟁의 양상을 근본적으로 바꿔놓았다. 트랙터와 화학비료의 생산 기술이 탱크와 화약을 낳음으로써 1차 세계대전은 대량·무차별 살상이 이뤄지는 첫 현대전이 되었으며 1차 세계대전에서 처음 사용된 독가스는 평화 이용이라는 미명 아래 농약으로 전용된다. 농업 기술이 군사 기술의 발전으로 이어졌으며, 반대로 군사 기술은 후에 농업에 사용되었다고 하는 '듀얼유스'(군사 기술과 민생 기술의 이중 사용)를 저자는 선명히 부각시키고 있다.

본디 인간의 식문화를 풍요롭게 해야 할 기술 발전은 실제로는 갈등과 분쟁을 초래하고 포식과 기아의 양극화를 심화시킨다. 저자는 배제가 전제된, 기능 부전에 빠진 민주주의의 한계를 논하며 행복 추구권의 견지에서 복지 정책의 중심에 '먹기'를 앉혀야 한다고 제언한다. 나아가 BSE(광우병)나 조류인플루엔자의 발생과 유행, 이물질 혼입 등 식품 안전 문제, 식료품 대량 폐기 등 먹거리를 둘러싼 문제의 근원에 있는 먹거리체계food system의 정체를 폭로하고, 인간이 음식을 먹는 행위를 자연과 인간의 상호주관적 관점, 즉 원점에서 재정의한다.

"역사 연구 종사자들은 여태껏 학문세계 밖으로 나가 발언하거나 학술적 문체와는 다른 언어로 자신들의 생각을 자유롭게 이야기할 장을 확보하는 일에 너무나도 무관심했"다고 말하는 저자는 공공지식적 문제의식을 가지고 최근의 팬

데믹이나 기후변화에 대해서도 활발히 발언하고 있다.

　입말은 문자, 특히 활자가 되는 순간 음조에 의한 표현력을 잃고 추상적이 된다. 글말에서는 말하려던 바를 충분히 말하지 않은 채 어물쩍 넘어가거나 (대개 이야기의 원활한 진행에 불가결한) 곁가지로 흐르는 이야기를 하기도 어렵다. 그 역 또한 참이지만, 입말에서는 극복되는 문제에 글말은 제약되는 것이다. 저자가 후기에서 말하고 있는 대로 이 책은 강연 내용을 문장으로 다듬고 대폭 가필한 것으로, 솜씨 좋게 손질되었음에도 불구하고 입말을 문장화할 때에 생기는 필연적 괴리 탓에 흐름이 부자연스러운 부분이나 불완전한 문장이 더러 있었다. 번역으로서는 조금 과하다 싶은 곳도 있었지만, 글인 이상 최대한 매끄러운 한국어로 새기려 했다. 행간에 숨어 있을지도 모르는 저자의 음조를 읽어내는 데에 도움이 되길 바란다.

2020년 8월

최연희

머리말

시스템이란 무서운 것입니다.

아무리 사람에게 해를 끼치는 시스템이라 해도 그것에 한 번 익숙해지면 기존의 사고방식으로 그 시스템을 의심하기란 아주 어렵기 때문입니다. 시스템 자체를 바꾸기 위해서는 상당한 각오와 끈기가 필요하며, 그 시스템이 생사에 관계되는 것이라면 사정은 더욱 까다로워집니다. 20세기 중반, 유라시아 대륙에 잇달아 나타난 나치의 강제수용소나 소련의 라게리(집단수용소)는 단순한 건물이 아니라 불순분자에 대한 비인도적 격리와 노동력 착취의 시스템이 운용되던 곳이었습니다. 이보다 더 인간성이 방기된 시스템은 없었습니다. 수용자의 수에 비하면 관리자의 수는 한 줌도 되지 않았지만, 어찌해볼 도리가 없었습니다. 그들 대다수가 자신도 모르는 사이에 시스템에 적응해갔던 역사를 돌이켜보면, 한번 작동하기 시작한 시스템을 멈추기란 쉽지 않다는 것을 금방 알 수 있겠지요. 오래전으로 거슬러 올라가면 노예제도의 경우도 마찬가지입니다. 고대 그리스와 로마의 노예제는 잘 알려져 있으며, 그 뒤에 아프리카 대륙에서 끌려온 사람들을 상품으로 팔고 가혹한 노동을 강요했던 시스템에 대해서는 400년 세월에 걸쳐 유럽인 대다수가 어떠한 의문도 품지 않았습니다. 노예를 끌고 온 지역은 다르지만, 아랍에서는 노예제가 유럽보다 오래, 1,300년간 이어졌다고 알려져 있습니다.

오늘날의 세계 역시 갖가지 시스템으로 이루어져 있습니다. 그중에서도 특히 강력하게 작용하고 있는 것이 바로 경쟁 시스템입니다. 학교의 클럽활동부터 입시, 승진, 경제활동, 선거까지 전부 경쟁입니다. 경쟁이란 원칙적으로 결과를 놓고 다투는 것입니다. 경쟁을 통해 기술 혁신을 유도하고 이윤을 추구하며, 결국 학력과 소득의 격차도 경쟁에 좌우됩니다. 경쟁은 사람들을 뭔가에 열중하게 만듭니다. 순위가 결정된다고 하면 그에 따라 부여되는 동기는 자연스레 커지게 마련이며, 작업 속도도 경쟁하듯이 상승하여 사회 전반적으로 승부욕과 활기를 가져온다는 것은 부정할 수 없습니다. 저 역시 소프트 테니스(정구)를 즐기기도 해서, 경쟁을 그다지 꺼리는 건 아닙니다. 경쟁의 한순간에 찾아오는 어떤 고양감, 그리고 경쟁 상대와 감상을 나누거나 서로 건투를 빌어줄 때의 충만한 느낌이란 둘도 없이 소중한 것입니다. 경쟁의 효용을 근본적으로 부정할 생각은 없습니다.

그러나 경쟁을 바탕으로 경제를 활성화하려는 시스템은 오늘날 지나치게 비대해져, 공정함을 잃고 기능 부전에 빠져 있는 것도 사실입니다. 말하자면 진정한 경쟁이 아닌 것입니다. 무엇보다도 작년보다 올해, 올해보다 내년이라는 식으로 계속 성장해나가지 않으면 안 된다는 강박과, 잘 시간이나 쉴 시간, 식사 시간을 아끼는 분주한 사이클에서 벗어나지를 못합니다. 또한 정정당당히 경쟁하는 게 아니라 룰을 슬쩍 어기거나 이길 수 있도록 미리 수를 써두는 '사이비 경쟁'의 경향이 너무 심해져서, '승자'와 '패자'의 도식이 더욱 공고해졌습니다. 그리고 그것은 인간을 비롯한 생명체의 생존 조건에까지 영향을 끼치고 있습니다. 경쟁에서 이기고 싶은 나머지, 대기업은 분식회계를 저지르거나 삼림을 과하게 벌채하고, 유독성 폐기물을 산속에 몰래 버립니다. 사람들에게 과중한 노동을 강제하여 생명의 유지조차 위태롭게 하는 일도 드물지 않습니다.

경쟁 원리의 폭주와 그에 따른 불공정한 상황은, 급기야 인간이 살아가는 데에 가장 기본적 행위인 식생활에도 영향을 끼치고 있습니다.

한쪽에는 산더미 같은 먹거리, 즉 생물의 시체 덩어리를 음식물 쓰레기로 내버리거나 그걸 바이오에너지로 바꾸어 주가 상승을 노리는 투기꾼 '승자'가 있고, 다른 한쪽에는 먹을 것을 구하지 못해 죽어가는 '패자'가 있습니다. 이 혹성을 지금과 같은 상태로 만들어내고 있는 경쟁 시스템에 물음표를 달고 싶습니다. 한 나라 안에 거리낌 없이 음식을 내다버리는 지역과 배불리 먹지 못하는 지역이 공존한다는 사실도 이 시스템에서 비롯되며, 역시 납득할 수 없는 일입니다.

납득하지 못하는 게 저 하나라면 이런 힘 빠지는 강의를 할 필요도 없겠지만, 유감스럽게도 저 혼자만이 아닙니다. 서점에서 선 채로 책들을 잠시 살펴보기만 해도 저와 비슷한 생각을 가진 사람이 적지 않다는 걸 알 수 있습니다. 이 책에서는 다양한 지역에서의 조사나 연구를 통해 얻은 사실을 제시하면서 먹거리를 만들어내는 농업과 그것을 먹는 현장이 얼마나 부자연스러운 상황에 놓였는지 생각해보고, 식생활을 통해 바라본 세계의 불공정한 시스템을 드러내려 합니다. 식생활의 세계에 드리워진 흑막이 음식의 타락을 불러

오는 게 아닙니다. 그것은 우리가 하루하루 품는 소소한 바람이나 쾌적함을 추구하는 태도에 힘입은, 식생활과 농업 발전의 결과이기도 한 것입니다. 그렇다면 식생활과 농업의 역사를 점검해야겠지요.

그 일을 전문으로 하는 이가 역사 연구자입니다. 역사 연구자란 공문서보관소의 문서, 농가나 상인의 소장 서류나 개인의 일기, 편지 등에 과하다 싶을 정도로 애착을 가지고 그것을 수집해 노트를 작성하고 논문으로 정리해 발표하는 사람입니다.

어떻게 보면 역사 연구자는 골치 아픈 존재입니다. 그들은 일상생활에서 남에게 들은 걸 언제까지고 기억하는데다 사물에서 쉬이 역사성을 느끼기 때문에 사진이나 편지, 팸플릿 등을 좀처럼 버리지 못합니다. 저도 예외는 아닙니다. 분명 나중에 도움이 되리라고 여긴 자료들로 벽장을 가득 메우고 책장을 점령하는 집안의 골칫거리입니다. 그러나 그런 만큼 시스템을 되짚어볼 때 역사 연구자가 편리한 것도 사실입니다. 국가 단위, 지역 단위로 위정자들의 치부나 실패로 끝났지만 의미 있었던 도전 같은 역사적 사실을 잔뜩 모아 목록을 짜거나 검증하는 게 특기입니다. 그런데 역사 연구 종사자들은 여태껏 학문세계 밖으로 나가 발언하거나 학술적 문체와는 다른 언어로 자신들의 생각을 자유롭게 이야기할 장을 확보하는 일에 너무나도 무관심했습니다.

　역사를 안다는 것은 세계의 어둠에 익숙해지는 것만을 의미하지 않습니다. 연기 나는 뜬숯이 발하는 미광微光을 찾아내기도 해야 하는 것입니다. 저도 역사 연구자의 축에 겨우 끼는 사람으로서 사그라들 듯한 숯불을 찾고자 마음을 쓰고 있습니다. 어둠을 인식해 빛에 대한 감도를 벼리면 오늘날 우리에게 중요한 것은 무엇인지 눈에 들어올지도 모르기 때문입니다.

농업 기술로 본
20세기

농업을 바꾼 분업화

|

지금 세계 인구는 73억 명을 넘어섰습니다. 21세기 후반에는 100억 명을 넘어설 것으로 예측됩니다. 50년 전에는 30억 명이었다는 것을 생각하면 인구가 얼마나 빠른 속도로 늘었는지 알 수 있습니다. 그런데 어째서 인구가 이렇게 급격히 늘어났을까요? 일단 농업이 대량의 식량을 꾸준히 공급할 수 있게 되었기 때문이라고 말할 수 있습니다.

그렇다면, 농업이 그 많은 사람을 먹여 살릴 수 있었던 궁극적 요인은 무엇일까요? 그것은 편리한 일상생활에 대한 우리의 간절한 추구였다고 할 수 있습니다.

이를테면 모내기 철에 모를 내는 젊은 사람들 중 다수는 사오토메早乙女, 즉 모를 내는 여성들로, 이들이 일렬로 늘어서서 허리를 굽히고 큰북의 리듬에 맞춰 한 모 한 모 심어갑니다. 이때 모내기 노동요가 필요한데, 저는 기계화 시대의 농가에서 청춘 시절을 보냈기 때문에 노동요는 시디CD로밖

에 들지 못했지만, 어쨌든 논 한구석에서 손으로 직접 모를 낸 적은 있습니다. 거기에서는 이앙기를 쓰지 않았기 때문입니다. 손으로 모를 낼 때 취하는 자세는 체력에 자신이 있는 저라도 힘에 부쳤습니다. 수확한 벼를 건조할 때도 만만치 않죠. 큰 통나무로 '하데ばで'라는 나무 골조를 만듭니다. 할아버지께서 그 위에 올라서면 식구들이 모두 달려들어 볏단을 건넵니다. 그러면 그것을 하나하나 늘어놓습니다. 땡볕 아래 살갗이 타고 뼈가 굽을 듯이 고된 작업입니다.

그런 작업이라면 누구든 되도록 편하게 하고 싶겠지요. 효율이 오르면 피로도가 내려가고 적은 부담으로 좀 더 많이 수확할 수 있으며 따라서 이익도 늡니다. 몸도 힘들지 않고 병원이나 접골원에 신세질 일도 적어집니다. 여가가 생기니 다른 일로 시간을 보낼 수도 있겠지요. 기계가 농민을 고역에서 해방시킨 것은 사실입니다.

농업에 한정된 것은 아니고, 모든 분야의 일이 공통적으로 기계화되고 있습니다. 기계화란 손이 많이 가거나 체력이 소모되는 노동 과정을 기계의 힘과 기능으로 대체하는 것을 말합니다. 일을 분업화하면 효율이 오르고 생산량도 늘어갑니다. 효율성이나 생산성은 날이 갈수록 향상됩니다. 따라서 조금이라도 적은 비용으로 많은 것을 만들려고 해서 경쟁심에 불이 붙습니다. 생산자뿐 아니라 생산 도구를 만드는 쪽도 경쟁이 심해지는 것입니다. 경쟁은 경쟁을 낳습니다. 이처럼, 무릇 현대사회 시스템의 근본에는 분업과 경쟁이 있는 것입니다.

각자가 한 분야에 특화되면 해당 분야에서의 전문적 능력도 향상됩니다. 그러면 각 분야에서 전문가가 나타나지요. 새로운 판로가 개척되어 자본도 움직입니다. 그 결과 각자가 자신의 자리에서 해야 할 일을 착실히 해내면 모든 것이 원활히 돌아가며 서로 위험부담도 경감할 수 있습니다. 그것이 우리 사회가 거쳐온 변화의 바탕에 있다고 말할 수 있겠지요. 농업의 경우 그것은 기계화에서 단적으로 나타났습니다. 트랙터, 이앙기, 콤바인, 건조기, 도정기 등 많은 농기계가 등장해 농사일의 대부분을 떠맡게 되었습니다. 이것을 '도작稲作 기계화 일관 체계'라고 부릅니다. 트랙터는 밭갈이와 써레질을 하고 이앙기는 모를 내며, 콤바인은 벼를 베어 탈곡하고, 건조기는 벼에서 수분을 날려 쌀의 부패를 방지하며, 도정기는 벼의 낟알에서 겨를 벗겨냅니다. 또한 농업의 기계화는 기계를 만드는 사람과 수리하고 유지하는 사람이 농업을 분담한다는 뜻이기도 합니다.

그러나 분업에는 이점만 있는 게 아닙니다. 단점도 있습니다. 점차 분업이 진행됨에 따라 직접 마주하지 않는 일에 대해서는 잘 몰라도 된다고 넘겨버리게 되는 것입니다.

주변을 한번 살펴봅시다. 연필, 컴퓨터, 책, 텔레비전, 찬장, 옷, 커튼……. 이 모든 것이 어디서 어떻게 만들어진 것인지, 누가 만들고 어떤 경로로 운반되어 왔을지에 대해선 거의 입도 뻥긋하지 못합니다. 나아가 자신의 생명을 보전하는 물과 식재료가 어떤 경로를 밟아 내 몸속으로 들어왔는지도 알지 못하며, 그것이 어떻게 만들어지는지에 대해서는 그야말로 속수무책입니다. 우리는 무지를 당연하게 여겨서 보통은 알아보지도 않습니다. 우리는 '만드는 것'과 '사용하는 것'이 분리된, 어떤 의미에서는 불가사의라 할 만한 세계에 살고 있는 것입니다.

농업의 경우도 마찬가지입니다. 지금은 일반적으로 벼를 벨 때에 콤바인이라는 농기계를 쓰는데요, 콤바인을 해체한 뒤에 원래 상태로 조립하는 일을 보통의 농민은 하지 못합니다. 농민의 지식은 기계의 상태가 나빠졌을 때 어느 정도까지 알아서 대응할 정도는 되지만, 도저히 손을 쓸 수 없을 때에는 농기구 제조사에 수리를 맡길 수밖에 없습니다. 농기계를 다루는 데에는 숙달되어 있어도 기계의 구조가 너무 복잡해서 그 속이 어떻게 되어 있는지 완전히 알 수는 없습니다.

말하자면, 기업에 맡겨버린 사이에 생산 시스템이 거대화하여 생산자도 소비자도 전체 상을 파악할 수 없게 되었습니다. 더군다나 농업은 원래 시시각각 변하는 자연의 상황에 잘 대처해야 하는 일입니다. 그런데 농기계나 화학제품(화학비료나 농약)을 사용하는 매뉴얼화된 농업에서는 일본처럼 자연과 지형의 변화가 심한 경우 탄력성 있게 대처하기가 어려워지고 있습니다. 농업경제학자인 고도 요시히사神門善久 씨는 지금도 진행되고 있는 이런 흐름을 '경작 기능의 상실'이라고 비판하고 있습니다.

인구 증가를 가능케 한 네 가지 기술

되도록 가까이 있는 것으로 해결하자. 혼자서는 무리지만, 일을 맡긴다면 믿을 만한 사람에게 맡기자. 분업이 진행되기

전에 농민들은 이렇게 생각했습니다.

실제로 그렇게 해서 대부분의 일이 돌아가고 있었습니다. 별다른 수가 없기도 했지만, 어쨌든 그것은 과거 촌락사회의 장점이었다고 할 수 있습니다. 그러나 분업이 이루어진 현대 사회에서는 그렇게 안 되지요.

이를테면 예전에는 작물의 종자를 다음 해를 위해 조금씩 남겨두었습니다. 언젠가 이세 신궁伊勢神宮의 신궁 징고관徵古館과 농업관을 방문했을 때 기근 속에서 볍씨를 먹지 않고 남겨두고는 굶어 죽은 의로운 백성의 그림이 걸려 있었던 기억이 났습니다. 기억이 불분명해서 전화를 걸어보니 그것은 어떤 구체적인 인물을 그린 것이 아니라, 나가노 가케이長野華溪 (1894~1985)라는 화가가 그린 농업사 회화의 연작 중 한 점이라는 것, 다만 현재는 전시하고 있지 않다는 것을 친절히 알려주셨습니다. 수확물에서 씨앗을 골라내 남겨두는 행위는 벼뿐 아니라 인간의 생명을 순환시키는 데에도 필수였습니다. 그것을 마을 전체가 (경우에 따라서는 마을 단위를 넘어서) 융통했습니다. 지금은 농협이나 종합상가, 종묘 제조사의 직영점 등에 가면 종자를 자유롭게 살 수 있습니다. 미국산, 호주산 등 선택지는 늘었지만, 그것을 얻으려면 사러 가거나 주문을 해야 되지요.

농기구도 예전에는 보통 가까운 대장간이나 철물점에서 구입했는데 지금은 종합상가로 사러 갑니다. 농기계는 흔히 구보타, 얀마, 이세키 농기, 미쓰비시-마힌드라 농기 같은 농기구 회사의 제품을 사게 되었고 또 연료도 계속 사야만 합니다. 거기에 농약이나 비료도 있습니다. 지금은 이런 필수품들을 전부 외부에서 사 와야 하는 것입니다.

다시 말해, 농촌 바깥에서 이런저런 제품들을 들여옴으로써 현대 농업이 성립한다는 것인데요. 특히 농업을 혁명적으로 바꾼 농기계, 화학비료, 농약, 품종 개량을 여기서는 '20세기의 인구 증가를 가능케 한 네 가지 기술'이라고 부르겠습니다.

'기술'이라는 말은 주의를 요합니다. 기술이란 인간이 자연을 개발할 때 사용하는 것일 뿐 아니라 그것을 사용하는 인간을 바꾸어놓기도 하는 것입니다. 루스 슈워츠 카원Ruth Schwartz Cowan이라는 미국의 기술사 연구자가 있습니다. 그가 쓴 《엄마가 바빠질 뿐: 가사노동과 테크놀로지의 사회사More Work For Mother》는 세탁기나 청소기가 원래라면 그렇게 자주 하지 않아도 되었을 일을 날마다 하는 가사로 바꾸어놓은 탓에 주부들이 도리어 더 바빠졌다는 역설을 그리고 있습니다. 그리고 가사의 기계화에 따라 남성은 가사를 여성에게 점점 더 의존하게 된다는, 실은 오히려 인간이 도구에 지배당해서 여러 변화가 생겨났다는 사실을 이해해야 합니다.

농기계, 화학비료, 농약, 품종 개량. 이것들은 20세기 이후의 농업은 물론이고 농업 이외의 사회 부문도 극적으로 변화시켰습니다. 이것들이 없었다면 우리는 아예 이 세상에 태어나지도 못했을 것입니다.

농업의 양상을 바꾼 트랙터의 매력

우선은 농기계부터 이야기해봅시다. 그중에서도 기계화의 중심적 역할을 한 트랙터가 세상에 등장한 것은 대략 120년 전, 19세기 말의 일입니다. 졸저 《트랙터의 세계사: 인류의 역사를 바꾼 '철마'들》에서 이미 자세히 이야기한 바 있으므로, 여기에서는 주요 사항만 살펴볼 텐데요. 19세기에는 아직 트랙터 같은 것은 등장하지 않아서, 증기기관을 농지 저쪽과 이쪽에 두고 사람이 탈 수 있을 정도의 큰 쟁기를 케이

블로 움직여 경작하는 방법이 유럽과 미국에서 이용된 정도가 고작이었습니다. 그런 농기구를 독일 여러 군데의 박물관에서 몇 번 보았는데, 아주 큰 규모의 장치입니다. 더군다나 여러 필의 말을 이용해 운반해 왔다고 하더군요.

세계의 첫 쇠바퀴 트랙터는 1892년에 존 프뢸리치John Froelich(1849~1933)라는 미국의 기사에 의해 개발되었습니다. 증기 쟁기와 다른 점은 자동차와 마찬가지로 내연기관이 장착되어 있어 사람이 탑승해 조작할 수 있다는 것입니다. 그 유용성이 인식되자 다양한 형태의 제품이 잇달아 등장했지요. 미국의 인터내셔널 하비스터International Harvester나 디어&컴퍼니Deere&Company, 독일의 란츠Lanz 같은 유명한 농기구 제조사가 트랙터 생산에 나섰고, 피아트Fiat나 포드Ford, 다임러-벤츠Daimler-Benz, 포르셰Porsche, 도요타豊田 같은 거대 자동차 회사도 트랙터 생산에 뛰어들어 경쟁이 심해집니다. 트랙터는 그야말로 20세기의 총아가 되었습니다. 자동차의 발명과 시간적 격차가 그다지 없다는 것도 흥미롭지요.

대체 트랙터의 어떤 점이 그토록 매력적이었던 걸까요?

무엇보다도, 트랙터의 등장으로 소나 말을 부리지 않아도 농사가 가능해진 점을 들 수 있습니다. 트랙터는 먹이를

주지 않아도 될뿐더러 가축과는 달리 피로를 느끼지도 않습니다. 그리고 가축은 부리느라 애를 먹는데 트랙터는 그럴 일도 없습니다. 그 덕분에 여성도 편리하게 작동시킬 수 있게 되었지요. 혼자서도 큰 규모의 농지를 경작할 수 있습니다. 사람 한 명이 할 수 있는 작업량을 크게 늘려준 것입니다.

농업의 양상을 크게 바꾸어놓은 트랙터의 매력에 많은 사람이 흠뻑 빠졌습니다. 그중에는 블라디미르 레닌Vladimir Lenin(1870~1924)도 있었습니다. 트랙터가 세상에 등장한 20세기 초반에 레닌은 러시아에서 혁명의 지도자가 되는데, 트랙터를 보면서 그는 러시아의 후진적인 농업을 개혁할 수 있겠다고 생각했습니다. 당시 미국에서는 '농장 한 곳당 한 대의 트랙터를'이라는 구호 아래 트랙터의 사용을 대대적으로 추진하고 있었습니다. 이에 레닌은 자본주의 국가의 발명을 높이 평가하고 자신들도 사회주의를 실현하기 위해 트랙터를 이용해야겠다고 마음먹은 겁니다.

그러나 그렇게 하려면 경작지를 어느 정도 정리해야만 했습니다. 소련은 토지는 넓어도 상속할 때 분할하는 소규모 가족 경영이 많았기 때문에 각 경작지는 그다지 넓지 않았습니다. 또한 공동체의 힘이 강해서 경작지 역시 공동체의 성원이 일정한 연한을 두고 번갈아가며 균등하고 공평하게 취득하는 시스템을 채택하고 있었습니다. 그런 제도를 훼손하려고 한 사람이 레닌의 후계자인 이오시프 스탈린Joseph Stalin(1878~1953)입니다. 트랙터를 비롯한 농기계를 사용하려면 경작지를 정리해야 효율이 좋았기 때문입니다. 그렇게 해서 생긴 것이 이른바 집단 농장인 '콜호스Kolkhoz'와 '소포스 Sovkhoz'입니다. 일반적으로 전자는 '집단 농장', 후자는 '국영 농장'이라고 번역합니다.

소련의 청사진을 말하자면 이렇습니다.

부농富農을 뜻하는 쿨라크Kulak의 '계급적 절멸'을 기치로 내걸고 폭력으로 토지를 몰수해 마침내는 농촌 공동체를 없애버린다. 이렇게 집단화해서 토지를 통합하고 구획화를 거쳐 넓어진 토지를 트랙터로 경작한다. 종래의 공동체적 소유 제도를 폐지한 경작지 제도를 통해 새로운 시대로 향한다.

이와 같은 청사진을 그린 것인데, 그때 빠질 수 없는 게 트랙터였습니다. 1928년에 전면적 집단화가 시작되자 '기계 트랙터 스테이션Machine Tractor Station', 이른바 MTS가 소련 각지에 설치되어 집단 농장에 트랙터 등 농기계를 제공하고 유지·보수를 담당했습니다. 이 MTS에는 서비스 제공의 대가로 수확물의 일정량을 현물로 받는 조직도 있었는데, 이는 농민을 지배하여 곡물을 조달하기 위한 공산당원의 거점이기도 했습니다. 집단화 이전에는 트랙터를 공유하려는 움직임도 보였지만, 집단화가 이루어지자 트랙터는 농민을 지배하는 도구로서의 성격을 강화했습니다.

그런데 실제로 소련의 농촌 공동체는 소멸한 것이 아니었습니다. 트랙터의 보급에도 한계가 있어서 여전히 말이 중요한 역할을 했습니다. 농촌 공동체의 기능은 비록 타격은 입었을지언정 끈질기게 살아남았고, 트랙터가 부족했던 탓에 '기계 트랙터 스테이션' 대신에 '기계 마馬 스테이션'이 각지에 생겼습니다. 트랙터는 오히려 집단화의 정당화나 여성의 노동 참가의 상징으로서 사용되었다고 말할 수 있겠지요. 그렇지만 물론 트랙터의 등장이 집단화의 길을 열어젖힌 것은 분명합니다.

한편, 미국에서는 트랙터의 존재감이 상징적인 면을 넘어 실제로도 점점 커져갔습니다. 1918년 3월, 자동차 회사인 포드가 '포드슨Fordson'이라는 트랙터를, 하루에 300대 생산할 수 있는 라인을 개발해 컨베이어벨트 방식으로 대량생산하기 시작했습니다. 그리고 이것이 도약의 발판이 되어 포드슨은 폭발적인 인기를 얻으며 미국을 넘어 세계 각지에서 사용되기 시작합니다. 1차 세계대전 때 농촌의 노동력 부족에 시달리던 영국에도 포드슨이 수출되었습니다. 그 후로도 여러 트랙터 회사가 개량을 거듭해 옥수수나 양배추, 목화 등 밭두둑에서 조파條播하는 작물에 적합한 '로 크롭row-crop 트랙터'나 차량 후미에 달린 도구에 동력을 전달하는 회전축, 즉 PTOpower take-off가 개발되는 등 트랙터가 경량화, 쾌적화됨에 따라 미국은 '트랙터 왕국'이 됩니다.

그러나 트랙터가 단순히 농업의 효율을 대폭 높이기만 한 것은 아닙니다. 사실 소와 말의 경우에는 가능하지만 트랙터는 불가능한 게 하나 있었습니다. 바로 배설물을 생산하는 일입니다. 분뇨라면 안 나오는 게 좋지 않은가 하고 생각하실지 모르지만, 사실 배변은 농업에서 소와 말이 맡은 중요한 역할이었습니다. 가축의 분뇨는 줄곧 비료로 사용되었기 때문입니다. 다시 말해, 소와 말은 농지를 경작하는 것 외에도 '비료 제조기'라는 역할을 맡고 있었던 겁니다. 하지만 트랙터로서는 아무리 애를 써도 역부족인 일이지요. 트랙터는 그저 석유를 태워 배기가스를 방출할 뿐입니다. 따라서 트랙터가 보급될수록 어떻게 해서든 다른 방법으로 비료를 조달해야만 했습니다. 게다가 트랙터는 힘이 좋아 토양을 강하게 교반攪拌하는 탓에 지력地力(농지의 생산력)을 빨리 소모시켰고, 윤작輪作보다 단일작물 재배에 적합했기 때문에 단일작물 재배가 확대되는 요인이 되었으며, 따라서 윤작으로 토양 영양을 함양하기도 어렵게 되었습니다.

트랙터의 배변 능력 결여를 메우기 위해 인간은 새로운 기술을 발달시킵니다. 그리하여 보급된 것이 트랙터에 이은 제2의 기술, 화학비료였습니다. 요컨대 트랙터라는 외지인을 들인 것이 계기가 되어 비료 또한 외지인을 쓰게 된 것입니다. 농업은 한층 새로운 국면으로 접어듭니다.

화학비료가 등장하기 전

앞서 이야기한 바와 같이, 화학비료가 등장하기 전까지는 주로 가축의 분뇨를 비료로 사용했습니다. 예를 들어 유럽에서는 소똥이나 말똥에 톱밥을 넣고 짚을 얹는 과정을 반복하여 밀푀유Mille-feuille처럼 만든 뒤 미생물의 힘을 빌려 발효시키는 것이 가장 좋은 비료 제조법이었습니다. 이른바 퇴비입니다. 퇴비에서 김이 오르는 것은 발효로 인해 온도가 상승하기 때문이지요. 과거에는 이런 유기질 비료를 사용했는데 트랙터의 등장으로 농장에서 분뇨를 얻지 못하게 되자필요한 만큼의 퇴비를 만들기도 어려워진 것입니다. 덧붙이자면, 일본에서는 산야의 풀을 태워 만든 재나 인분뇨 등을비료로 썼으며, 에도 시대부터는 목화 등 상품 작물에 특화된 비료인 말린 정어리나 청어박青魚粕, 채종박菜種粕(유채기름을 짠 찌꺼기) 등도 사용했기 때문에 가축 분뇨는 그다지 중요한 비료가 아니었습니다.

그러나 이윽고 사회가 효율화되면서 비료 생산 비용의 절감과 비료 가격의 인하가 요구되기에 이릅니다. 그런데다 산업의 발달로 인구가 급격히 늘어나 먹거리를 대량으로 생산해야만 했습니다. 이런 이유로, 광산에서 비료가 될 광석을채굴하거나 혹은 비료를 아예 공업적으로 만들어내는 흐름이 나타납니다. 특히 후자는 20세기의 농업을 바꾸어놓았는데, 그것을 선도한 인물이 독일의 화학자 프리츠 하버Fritz Haber(1868~1934)입니다.

식물이 성장하려면 질소, 인산, 칼륨이라는 3대 요소가 필요합니다. 단백질은 질소화합물이기 때문에 질소는 생물을 구성하는 데 빠질 수 없는 요소입니다. 하버는 공기 중의 질소를 이용할 수는 없을까 하고 고심했습니다. 공기의 약 80퍼센트는 질소입니다. 공기를 이용할 수 있다면 분명히 효율이 좋을 것입니다. 그러나 우리 인간은 질소를 들이마시는 것으로는 단백질을 합성하지 못하며, 마찬가지로 식물도 단지 공기 중의 질소를 흡수하는 것으로는 질소화합물을 만들지 못합니다. 다만 토양 속의 미생물 중에는 그렇게 할 수 있는, 즉 공기 중의 질소를 식물이 흡수할 수 있는 질소태室素態인 암모니아로 바꿔주는 것이 있습니다. 그것을 공중 질소 고정 세균이라고 합니다.

그 대표 격이 뿌리혹박테리아(근립균根粒菌)로, 콩과식물의 뿌리에 생긴 작은 혹에 공생하는 미생물입니다. 또한 암모니아는 물에 녹으면 플러스 전하를 띤 암모늄이온으로 변합니다. 토양은 마이너스 전하를 띠고 있으므로 암모늄이온이 부착되기 쉽게, 달리 말해 물에 휩쓸리지 않게 되는 것이지요. 뿌리혹박테리아는 공기 중의 질소를 고정해서 암모니아로 바꾸고 그것을 식물이 흡수하기에 딱 알맞은 상태로 만들어줍니다. 초봄의 논에 연꽃 씨를 뿌리는 것은 이 때문입니다. 연꽃의 뿌리에 잔뜩 붙어 있는 뿌리혹박테리아가 논 갈이 전의 논에 풍부한 암모니아를 발생시킵니다. 논갈이를 할 때 넣어줘도 뛰어난 효과를 보입니다. 그 때문에 논밭에 뿌리는 콩과식물은 '녹비'라고도 불립니다.

번개도 같은 힘을 지닙니다. 번개는 방전放電에 의해 공기 중의 질소를 암모니아로 바꾸어 비와 함께 토양에 뿌립니다. 번개가 '이나즈마稻妻'라고 불리는 것은 이 때문이라는 설도 있습니다. 번개는 벼를 성장시키는 중요한 존재, 즉 '벼의 아 내'라는 것입니다. 또한 신사神社에 가면 찾아볼 수 있는 시메 나와注連繩(금줄)에 달린 하얗고 들쭉날쭉한 모양의 시데紙垂 라는 종이도 전광電光, 즉 번개를 모티프로 한 것입니다. 옛날 사람들은 번개가 치면 벼가 잘 자란다는 것을 감각으로 알 고 있었던 게지요.

공중 질소 고정의 공업화

식물이 흡수하는 질소는 대기에서는 물론이고 식물이나 동물의 잔해를 미생물이 분해함으로써도 얻어집니다. 그러나 그렇게 얻어지는 질소의 양으로는 식물을, 자연의 섭리를 넘어서 빠르게, 대량으로 길러내지 못합니다. 그래서 과학의 힘을 빌려 효과를 빨리 내는 비료가 필요해지는 것이죠. 그 것을 공기 중에서 어떻게 조달해볼 수는 없을까 하고 생각한 사람이 바로 프리츠 하버였습니다.

당시까지만 해도 칠레에 있는 칠레질석Chile saltpeter, Chilean nitrate이라는 광석 또는 페루 연안의 섬에 사는 바닷새의 분화석糞化石인 구아노guano를 채집해서 힘들여 유럽까지 운반해 오곤 했습니다. 그것들에 질소나 인산 등 기본적인 영양소가 들어 있어서 비료로 쓸 수 있었기 때문입니다.

역사지리학자인 히라오카 아키토시平岡昭利 씨가《앨버트로스와 '제국' 일본의 확대: 남양군도 진출에서 침략으로》라는 책을 쓴 바 있습니다. 전문서이긴 해도 모험소설처럼 읽을 수 있는 흥미로운 책입니다. 19세기 말부터 일본은 앨버트로스가 서식하고 있는 먼 남쪽 섬에 진출해서는, 거기서 앨버트로스를 곤봉으로 때려죽이고 그렇게 해서 얻은 고급 깃털을 프랑스 등지에 팔았습니다. 앨버트로스는 날기 전에 도움닫기를 하므로 곤봉만 있으면 간단하게 죽일 수 있었던 것입니다. 나중에는 그 섬들에 있는 구아노나 인산을 개발하기 위해 노동력을 투입하는 바람에 외교 문제로 비화하기도 했습니다. 특히 미국은 이미 '구아노 러시'가 일었던 탓에 그야말로 혈안이 되어 태평양 여러 섬들에서 구아노를 찾아다니고 있었습니다. 그리고 공교롭게도 태평양전쟁의 주요 전장 중 하나였던 미드웨이제도는 미국의 구아노 러시와 일본의 앨버트로스 난획이 충돌하는 장소였습니다. 또한 기타다이토지마北大東島나 미나미다이토지마南大東島, 오키노도리지마沖ノ鳥島 같은 섬들 외에 센카쿠尖閣열도나 남사南沙제도에도 인산이 있었던 걸 생각하면, 남방 진출과 비료의 역사는 현대사의 축소판과 같이 보이기도 합니다.

이제 원래의 이야기로 돌아갑시다. 비료를 태평양의 섬들이나 남미의 산이 아니라 자국의 공기 중에서 얻을 수 있다면 더 바랄 게 없겠지요. 공기는 말 그대로 무진장인데다 증기선이나 증기기관차로 운반할 필요도 없기 때문입니다. 1909년, 하버는 마침내 공기 중의 질소로 암모니아를 합성하는 방법을 발명해냅니다. 그것이 바로 '공중 질소 고정법'이며, 이것은 역시 독일의 화학자인 카를 보슈Carl Bosch(1874~1940)에 의해 고압 상태에서 암모니아를 대량합성하는 방법의 개발로 나아갑니다. 이렇게 공중의 질소로 암모니아를 만드는 '하버-보슈법'이 완성되어 하버는 1918년에 노벨 화학상을 받습니다(보슈도 1931년에 고압화학적 방법의 개발로 같은 상을 받습니다).

당연한 수순이지만, 이 방법을 이용하여 대량의 화학비료를 제조하는 것은 커다란 산업이 됩니다. 공기 중에서 질소를 분리하려면 큰 에너지가 필요하기 때문에 전기나 가스를 많이 소비해야 하지만, 그래도 일단 질소 자체는 공기 중에서 곧바로 구할 수 있지요. 만약 설비에 투자할 수 있는 자금이 있고 전기와 가스만 지속적으로 확보할 수 있다면 정말이지 돈이 되는 일입니다. 그렇게 해서 1920년대에 독일을 비롯하여 미국, 영국 그리고 일본 등 세계 각지에서 하버-보슈법이나 그와 비슷하게 방대한 에너지를 투입함으로써 비료를 만드는 회사들이 생겨나 각축을 벌이게 됩니다.

비료 회사와 미나마타병

|

일본에 설립된 그런 회사 중 하나가 노구치 시타가우野口遵 (1873~1944)가 1908년에 창업한 일본질소비료日本窒素肥料(나

중의 짓소チッソ)입니다. 전후에 미나마타병水俣病을 일으킨 회사라는 건 잘 알려져 있지요. 2015년에 구마모토에서 작가 이시무레 미치코石牟禮道子 씨와 대담할 기회를 얻었는데요(《婦人之友》 2016년 2월호), 그때 이시무레 씨가 "질소비료는 저도 우리 밭에다가 뿌렸습니다", "질소비료는 동글동글한 알갱이인데, 그걸 쓰면 허리가 안 아프다고들 했죠. 생비生肥는 바가지를 들고 허리를 굽혀 조금씩 간을 보며 써야 합니다. 회사의 질소비료는 선 채로 훌훌 뿌리니까 허리가 안 아픕니다. 좋다고들 했지요."라고 말했습니다. 이시무레 씨의 본가는 아마쿠사天草에서 석재상을 하고 있었는데, 미나마타로 이사한 뒤부터 농사도 겸했다더군요. 열 살 때쯤의 체험이라고 합니다. 그로부터 30년 넘는 세월이 지나 1969년에 《고해정토: 우리 미나마타병》을 집필하며 '회사'만이 아니라 현대 문명 전체와 맞서게 되는 이시무레 씨가, 인분뇨를 바가지로 뿌리는 것은 "허리가 아프다," 화학비료는 "허리가 안 아프다"고 회고한 것입니다. 사실 농업 근대화는 농민의 신체적 부담의 경감을 통해 진행되어왔다는 생각도 듭니다.

또한 니가타의 쇼와전공昭和電工이라는 회사도 비료를 생산하고 있었습니다. 창업자는 모리 노부테루森矗昶(1884~1941)

입니다. 모리는 노구치 시타가우, 닛산日産의 창업자인 아유카와 요시스케鮎川義介(1880~1967)[통칭 아이카와 기스케 혹은 아이카와 요시스케 – 옮긴이]와 함께 '재계 신인 삼총사'로 불리며 일본 자본주의의 새로운 전개를 담당한 사람이었습니다. 원래 전원電源 개발로 성공했던 모리가 남은 전기로 비료를 만들기 위해 아가노가와阿賀野川 유역의 가노세초鹿瀬町(지금의 아가초阿賀町)에 쇼와비료昭和肥料라는 회사를 설립했습니다. 그러나 이 회사는 1965년에 확인된 이른바 '니가타 미나마타병'을 아가노가와 일대의 주민들에게 일으켰지요.

일본질소비료와 쇼와전공은 공업 원료로 쓰이는 아세트알데히드라는 물질을 생산하는 과정에서 촉매로 사용하던 황산제2수은이 변한 메틸수은을 바다나 강으로 방출했습니다. 메틸수은은 체온계에 쓰이는 수은(무기수은)과는 달리 유기수은입니다. 둘 다 독극물이지만 유기수은은 지용성이 강한데다 생물농축성도 높아 체내에 남기 쉽지요. 당시 화학비료 생산은 방대한 전기를 사용하는 방식에서 석유화학적 방식으로 전환하기 시작하던 때였습니다. 그 이행 과정의 초입에서 미나마타병을 일으킨 것입니다.

두 '미나마타병'은 바다나 강과 더불어 살아온 사람들과 그 자식들에게 물건을 쥘 수 없고 단추를 채울 수 없으며 사지가 경련하고 음식물을 넘기기 어려워지는 등의 심각한 증상을 일으키고 후유증을 남기면서 최악의 경우 죽음으로 내몰았습니다. 피해가 커진 가장 큰 원인은 말할 것도 없이 국가와 기업의 자기보신과 불성실함입니다.

나아가 저는 메틸수은을 강이나 바다로 배출한 기업이 비료를 생산하는 기업이기도 했다는 사실이 중요하다고 생각합니다. 메틸수은은 화학비료 생산 과정에서 나온 폐기물은 아닙니다. 그렇지만 미나마타병의 시대는 화학비료 생산의 선두주자가 그때까지 축적한 기술을 바탕으로 전 사회의 화학을 진보시켜 우리 생활의 모든 국면을 화학비료적 세계로 편입시켜가던 시대였다고 볼 수 있습니다. 생물의 복합적인 얽힘을 화학으로 제어하는 농업 기술의 배경에는, 염색이든 세탁이든 식품이든 본래는 어느 정도의 시간이 소요되는 변화를 화학으로 단번에 변화시켜 생활을 편리하고 빠르게 영위하고 싶다는 우리의 강한 욕망이 자리 잡고 있었습니다.

또한 일본의 화학 기업이 (화학에 의해 일찌감치 달성된) 농업의 근대화, 그리고 세계적 규모로 전개되는 기업 간의 극심한 경쟁에 초조감을 느껴 그것에 휘둘린 측면이 있었던 점도 잊어서는 안 됩니다. 미나마타병은 농업이 효율화됨으로써 생산량이 늘어 많은 수의 인구를 먹여 살리게 됨으로써 빚어진 비극이기도 합니다. 물론 그렇다고 해서 일본질소비료나 국가기관의 책임을 가리기 위해 날림으로 조사를 하고 중요한 데이터를 은폐해온 학자들의 중대한 책임을 단 1그램도 경감할 수는 없습니다.

농약의 발달과 피해

그리고 세 번째 기술이 농약입니다.

농약은 아시는 대로 해충이나 잡초를 작물에서 구제驅除하기 위한 것입니다. 해충을 구제하는 살충제, 잡초를 구제하는 제초제 등을 포함한 화학약품 전체를 농약이라고 합니다.

농약에 대해서는 20세기 초를 전후하여 세계 각국에서 연구가 진행되었습니다. 일본에서는 메이지(1867~1912) 말기부터 다이쇼(1912~24) 초기에 걸친 시대입니다. 기후가 온난하고 습윤한 일본은 예전부터 해충과 잡초 때문에 골머리를 앓아왔습니다. 세토구치 아키히사瀬戸口明久 씨의 《해충의 탄생: 벌레로 본 일본사》에서도 분명하게 드러나듯이, 에도 시대에는 '무시오쿠리蟲送り'라고 해서 큰북을 치며 벌레를 쫓는 습속이 있었는데요, 점차 응용곤충학이 해충·병원균 방제의 바통을 이어받게 되었습니다. 일본의 농민들은 농약의 발달을 크게 반겼습니다. 메이지 말기부터 포도 재배를 시도해온 야마나시현의 가쓰누마勝沼에는 포도 농가를 괴롭히던 흰가루병powdery mildew이나 노균병露菌病, downy mildew을 방제하기 위해 프랑스에서 수입된 보르도액Bordeaux mixture을 모시는 신사가 있었을 정도입니다. 벌레나 병원균에 의한 병충해는 농민들의 기력을 빼놓습니다. 작물이 무럭무럭 자라다가 어느 날 갑자기 병충해 때문에 못쓰게 되어버렸을 때의 기분이란 어땠을까요? 농약이 전 세계 농민의 시름을 덜어준 것은 틀림없는 사실입니다.

농약은 1920년대에 이르러 널리 사용됩니다. 처음에는 제충국분除蟲菊粉 같은 천연 원료 농약이 쓰였지만, 2차 세계대전을 계기로 각국에서 연구가 진행되어 일본에도 이[虱] 구제를 위해 미국제 DDT를 비롯한 유기합성 농약이 들어오기 시작합니다. 그리고 1960년대에 이르러서는 농약으로 인한 환경오염 문제가 대두되지요.

　비슷한 시기에 미국에서도 농약에 의한 피해가 점점 나타납니다. 그리고 1962년, 미국의 레이첼 카슨Rachel Carson(1907~64)이라는 해양생물학자가 《침묵의 봄》을 집필하여 농약이 얼마나 극심한 신체 피해와 환경 파괴를 일으키는지 호소했습니다. "곤충을 향해 겨누었다고 생각하는 무기가 사실은 이 지구 전체를 향하고 있다는 사실이야말로 크나큰 불행이 아닐 수 없다."라는 마지막 문장이 인상적이지요. 전 세계에서 베스트셀러가 된 《침묵의 봄》은 우리 인간으로 하여금 환경문제에 눈뜨게 했습니다. 실제로 농약 피해로 심각한 병에 걸리거나 죽음에 이른 예는 일일이 셀 수가 없을 정도로 많습니다. 유럽연합에서 금지하고 있으나 일본에서는 사용되고 있는 네오니코티노이드neonicotinoid라는 농약이, 최근 자주 보고되는 꿀벌의 돌연한 전멸과 관련되어 있다는 주장도 지지를 받고 있습니다. 네오니코티노이드는 농약 회사나 행정기관에 따르면 '약독성弱毒性'이라고 하지만, 신경전달물질 아세틸콜린의 수용체와 결합해 신경전달을 저해하기 때문에 인체에도 영향을 끼친다고 할 수 있고, 또 침투성 농약인 탓에 식물의 모든 부위에 독이 스며듭니다. 네오니코티노이드로 인해 양봉 농가는 큰 타격을 입고 있습니다. 이처럼 농약은 농업의 생산성을 높이고 농민을 잡초 제거 작업에서 해방시켜줌과 동시에 부정적 영향도 끼치게 되었습니다.

농업은 자연과 공생하는 활동이라는 목가적 이미지가 여전히 미디어에서 유통되고 있습니다. 그러나 적어도 근대 농업 시스템을 유지하기 위해서는 농기계나 화학비료, 농약의 생산을 위해 화석연료를 계속해서 채굴하지 않으면 안 됩니다. 그렇게 생각하면 농업은 환경을 보호하기보다는 파괴한다고 보는 쪽이 현실적이라고 할 수 있겠지요.

유전자조작 기술

이어서, 이상의 세 가지 기술을 총괄하는 기술에 대해서도 이야기해봅시다. 그것은 바로 품종 개량입니다. 예전에는 품종을 개량하려면 품종의 형질을 보다 뛰어난 것으로 고정하기 위해 몇 번이고 우량종끼리 교배하거나, 다른 우수한 종과 교배할 만한 것을 선별하는 과정을 되풀이해야만 했습니다. 그렇게 해서 좀 더 바람직한 품종을 만들었지요.

그 덕에 지금 우리는, 예컨대 고시히카리 쌀처럼 특정 품종의 작물을 비교적 안정적으로 재배해서 먹을 수 있습니다. 또 품종을 개량하여 씨앗 한 알당 수확량이 늘어나는 만큼, 토지가 좁아도 수확량 증가를 기대할 수 있습니다. 일본처럼 농가당 경지 면적이 좁은 나라에서는 품종 개량의 효과가 특히 높으며, 그런 배경에서 일본의 품종 개량 수준도 높게 유지되고 있는 것입니다. 또한 냉해나 감염증에 강한 품종이 만들어진 덕에 사람들은 환경이 까다로운 지역에 새로 농지를 조성해 트랙터를 굴릴 수 있게 된 것도 사실입니다.

그러나 품종 개량 기술이 진화함에 따라 맛이 특이하거나 모양이 고르지 않다는 등의 이유로 상품으로 출하할 수 없는 재래작물은 도태되었습니다. 모양이 뒤틀린 가지나 무는 상자에 담기 어렵고 운송비도 많이 들기 때문입니다. 하지만 이런 재래작물은 지역 농가가 자가 채종한 것이라 맛이나 모양이 개성적이기도 해서, 지역에 뿌리내린 음식 문화에서는 빠질 수 없는 것이었습니다.

고시히카리와 그 친척 품종이 일본열도 쌀 수확의 80퍼센트를 점하게 된 것도 작물의 다양성이라는 관점에서 보면 기이한 사태라고 하지 않을 수 없습니다. 현재 재래종이 다시

금 각광을 받고 있는 것도 작물 개성의 상실이라는 사태에 대한 위기감을 반영하는 것입니다. 예를 들면 2003년에 발족한 '야마가타山形재래작물연구회'는 사라져가는 재래작물을 찾아내 그 가치를 재평가하고 소개하거나 증식시키고 있습니다. 대단히 창조적인 시도라고 할 수 있겠지요.

오늘날에는 유전자에 직접 손을 대 단시간에 품종 개량을 실행할 수 있습니다. 이 '유전자조작' 기술이 앞으로 어떤 결과를 초래할지에 대해서도 우리는 주의 깊게 관찰할 필요가 있습니다. 졸저《벼의 대동아공영권: 제국 일본의 '녹색혁명'》에서도 품종 개량의 역사를 논했는데요, 특히 2차 세계대전 이전 일본이나 전쟁 이후 대기업의 출자에 기초한 '녹색혁명'이라 불리는 세계적 품종 개량 프로젝트는 단지 냉해와 병해에 강한 품종 혹은 맛 좋은 품종을 개발하기만 한 것이 아니라 화학비료의 증산을 바탕으로 비료에 대한 반응이 좋은 성질을 하나둘씩 추가해갔습니다. 유전자조작 종자는 기업의 이윤까지도 프로그래밍할 수 있는 것입니다.

세계 농업의 운명을 쥔 바이오화학 기업인 몬산토는 유전자조작 작물의 종자 90퍼센트를 쥐고 기아 박멸을 기치로 내걸고 개발을 하고 있습니다. 빌 클린턴, 빌 게이츠, 조지 부시

부자父子는 물론이고 수십 명의 노벨상 수상자들이 이 기업에 찬사를 보내며 아낌없이 협력했습니다. 몬산토는 일본에도 진출해 있는데, 그 실태는 제대로 알려져 있지 않습니다.

영화 〈몬산토에 따른 세계Le monde selon Monsanto〉를 찍은 영상작가 마리-모니크 로뱅Marie-Monique Robin의 《몬산토: 세계의 농업을 지배하는 유전자조작 기업》은 한번 읽어둘 만한 르포르타주 저서입니다. 이 책에 따르면 몬산토와 그 자회사는 2, 4-D와 2, 4, 5-T라는 고엽제를 생산해 베트남 사람 400만 명을 맹독으로 괴롭혔습니다. 그뿐이 아닙니다. 몬산토의 소 성장호르몬 '포질락Posilac'은 세계 각지의 소들에게 유방염乳房炎을 일으켜 우유 속에 고름이 혼입되는 원인이 되었고, 자사의 제초제 '라운드업Roundup'에 내성이 있는 [Roundup Ready] 유전자조작 식물을 보급해 가난한 농민들에게 계속해서 비싼 제초제를 팔고 있다고 합니다. 또한 유전자조작 옥수수나 대두가 페루나 아르헨티나에서 재래종을 밀어내고 현지의 농민들을 슬럼으로 몰아넣었습니다. 파라과이에서는 유전자조작 대두에 저항하는 농민들을 (그 보급에 앞장선) 정부가 탄압해 사망자도 여럿 나왔습니다. 몬산토가 특허를 가진 대량의 유전자조작 대두, 목화, 옥수수의 종자를 오랫동안 강매당하고 있는 아르헨티나의 농촌에서는 농약 피해가 심각하여, 갑상샘 이상, 암 발병, 어린이의 선천적 이상이 늘고 있다고도 합니다. 이를테면 포토저널리즘 잡지《DAYS JAPAN》2014년 5월호에는 'DAYS 국제포토저널리즘 대상大賞 심사위원 특별상'에 '아르헨티나의 농약 피해'가 선정되어 농약 피해를 입은 어린이들에 관한 기사와 사진이 실렸습니다. 인도에서는 유전자조작 목화와 제초제가 농민들을 경영 위기에 빠뜨리고[유전자조작 목화 씨는 일반 목화 씨보다 10배 이상 비싸다. – 옮긴이] 생활을 곤궁하게 만들어 수많은 농민을 농약 자살로 몰아넣고 있습니다. 로뱅은 몬산토가 엉터리 실험으로 제품의 위험성을 은폐하고 있다는 것도 집요하게 폭로합니다. 이것이 사실이라면 그들은 안전성을 입증하지도 못한 채로, 아니 안전하지 않다는 것을 알면서도 여전히 유해한 상품을 팔고 있는 셈이지요.

유전자조작 작물이 이전까지 인류가 개량해온 식물과 다를 바 없다는 연구자도 있습니다. 그러나 역사학적으로는 성격이 완전히 다른 식물입니다. 기업의 이윤 추구를 바탕으로 조작된 종자에는 특허권이 인정되므로 이윤을 위해 닥치는 대로 증식시키고 있다고도 합니다. 게다가 몬산토는 사립탐

정을 고용하여 늘 감시의 눈을 번뜩이고 있습니다.

몬산토만의 문제가 아닙니다. 종자 산업으로 현재 세계 2위의 수익을 올리고 있는 미국의 듀폰, 3위인 스위스의 신젠타는 자사가 시장 경쟁에서 승리하기 쉽도록 유전자조작을 사전에 미리 행하고 있습니다. 물론 이런 회사들은 자유무역을 강조하며 규제 완화를 부르짖습니다. 승패는 기술력에 의해 출발선에서 이미 정해져 있는 것입니다.

예를 들면 신젠타가 만든 '신젠타지속가능농업재단'은 케냐의 보험 회사와 아프리카 최대의 휴대전화 사업자 사파리콤Safaricom과 제휴하고 세계은행에서도 자금 지원을 받으며 '킬리모 살라마(안전한 농업)'라는 보험 사업을 추진하고 있습니다. 농가는 비료, 종자, 농약 등을 구입할 때 보험을 들 수 있습니다. 농가는 보험료로서 가격의 5퍼센트를 내고 기업도 5퍼센트를 부담합니다. 가장 가까운 기상관측소의 데이터가 작물 재배에 불리하다고 인정하기만 하면 피해 상황을 조사해보지도 않고 보험금이 지불되는 시스템으로, 얼핏 보기에는 아주 좋은 제도인 듯합니다. '마이크로 보험'이라 불리는, 소규모 농가의 지원을 외치는 이 보험 사업은, 그러나 신젠타가 내놓은 교잡종 종자에만 적용됩니다. 이 종자는 매년 새로 구입해야 하므로[수확물에서 거둬들인 종자를 다시 심었을 때 수확량과 질이 크게 떨어지거나 아예 열매를 맺을 수 없게 하는 기술을 도입해 농민으로 하여금 매년 종자 회사로부터 종자를 구입하도록 만든다. – 옮긴이] 농가는 계속 신젠타에 의존할 수밖에 없습니다. 기업의 '사회적 책임'으로 상찬받는 이러한 활동은 '지속 가능한 농업'을 지향하며 '농민 지원'을 하고 있는 것처럼 들리지만, 현실을 알려면 거기에 있는 '시스템'을 제대로 봐야 합니다.

이런 품종 개량 기술의 진보를 바탕으로 농기계, 화학비료, 농약이 농업을 크게 바꾸어 현대의 우리 생활을 성립시키고 있고, 동시에 그것들이 갖가지 문제를 일으키기도 했다는 것을 이번 강의를 통해 확인했습니다.

그러나 이야기는 이것으로 끝나지 않습니다. 사실 이 농업 기술 복합체는 우리가 걸어온 역사와 전혀 다른 측면에서도 관련되어 있습니다.

다음 강의에서는 그 놀랄 만한 상호 관련에 대해 이야기하고자 합니다.

폭력의 기술로 본
20세기

1차 세계대전의 충격

|

흙을 바수고, 토양을 기름지게 만들고, 잡초를 뽑고, 충해로부터 작물을 지키고, 품종을 개량하는 이 모든 행위는, 자연에 대해 인간이 행하는 기본적인 일들입니다. 20세기는 농기계, 화학비료, 농약, 품종 개량이라는 즉효성 있는 네 가지 기술이 저마다의 자리에서 농업을 크게 바꿔놓은 시대였습니다. 그것들이 전부 농촌의 외부에서 들어왔다는 것은 이미 말씀드린 대로입니다. 농민들은 그것들을 누가 어디서 어떻게 만들고 있는지 더는 알지 못합니다. 또한 스스로 정비나 수리를 하기도 어려워졌습니다. 이전까지만 해도 직접적으로 이해되어온 농업의 일부가 어두운 상자 속에 갇혀버린 것입니다.

그러나 그 어두운 상자에 빛을 비추어 속을 잘 들여다보면 아주 중요한 사실이 눈에 들어옵니다. 사실 이 네 가지의 기술 중 트랙터, 화학비료 그리고 농약은 농업은 물론이고 전쟁의 양상까지도 크게 바꿔놓았습니다.

그 계기는 1차 세계대전이었습니다. 이 전쟁은 세계사의 큰 전환점이었을 뿐 아니라 현대사회를 생각해볼 경우에도 매우 중요한 사건입니다. 제가 일하고 있는 교토대학 인문과학연구소에서는 2007년부터 2015년까지 8년간 일본 전국에서 연구자를 모아 1차 세계대전에 대한 공동 연구를 진행했습니다. 그 성과를 바탕으로 이 전쟁이 어떤 것이었는지를 여기서 자세히 설명하려고 합니다.

1차 세계대전의 큰 특징으로는 파괴력이 큰 무기가 처음으로 사용된 전쟁이었다는 것, 그리고 총력전이었다는 것을 들 수 있습니다.

먼저, 파괴력이 큰 무기란 인간을 단지 죽이기만 하는 게 아니라 인간의 신체를 갈기갈기 찢어발기는 무기입니다.

2014년 여름에 저는 프랑스와 벨기에에서 동료 연구자들과 함께 1차 세계대전 때 죽은 병사들의 묘를 둘러본 적이 있습니다. 대부분 20대의 젊은 나이로 죽었습니다.

1차 세계대전에서 인간이 죽는 방식이란 전에 없이 새로운 것이었습니다. 관통상을 입고 전우들에게 둘러싸인 채 마지막 한마디를 남기고 숨을 거두는, 드라마에나 나올 법한 모습으로 죽은 병사는 별로 없었습니다. 목이 날아가고 손과 발이 떨어져나갑니다. 다시 말해 무기에 쓰인 화약의 폭발력이 너무도 강해서 신체의 일부분이 싹 분리돼버립니다. 그런 식으로 죽거나 혹은 그 속에서 살아남았던 것입니다.

따라서, 예컨대 시체가 된 전우의 얼굴이 반쪽밖에 남아 있지 않은 것을 마주하는 일도 드물지 않았습니다. 폭탄에 직격당해 몸이 가루처럼 흩날린 쪽이 그나마 견딜 만했을지도 모릅니다. 총기 등의 화약의 폭발력과 날아드는 파편의 속도가 월등히 높아진 탓에 수없이 많은 사람이 당시까지는 생각지도 못했던 모습으로 죽임을 당했습니다.

프랑스 북동부 로렌 지방의 뫼즈강변에 베르됭Verdun이라는 마을이 있습니다. 이곳은 '베르됭 전투'로 유명한 1차 세계대전 격전지로서, 프랑스·독일 양쪽 군을 통틀어 70만 명의 전사자를 낸 곳입니다. 마을 중심지에서 차로 수십 분을 가면 13만 명이 잠들어 있는 납골당이 있습니다. 동료 연구자들과 함께 그 납골당을 찾아 죽은 사람들의 뼈를 보았습니다. 지면 아래에 격납되어 있는 것을 유리 너머로 볼 수 있게 해놓았습니다.

뼈는 부위별로 쌓여 있었습니다. 대퇴골은 대퇴골, 두개골은 두개골, 등뼈는 등뼈 하는 식입니다. 즉, 신체가 갈기갈기 흩어져버렸기 때문에 도대체 어느 것이 누구의 뼈인지 알 수가 없습니다. 각 부위의 뼈를 맞춰 한 사람의 인간으로 복원할 수가 없는 것입니다.

그 정도로 갈가리 토막이 나서 죽은 사람이 많았습니다. 대다수가 20대의 젊은 남성인 그 사람들은 무덤조차 없습니다. 독일에서는 베르됭 전투를 '뼈 분쇄기Knochenmühle'라고 부르기도 했는데요, 1차 세계대전이란 정말이지 그 말 그대로의 전쟁이었습니다. 그리고 우리가 잊어서는 안 될 사실은, 비록 생환은 했으나 눈이나 귀, 발이나 손 혹은 성기를 잃고, 경우에 따라서는 마음의 병에 걸려 직장에도 복귀할 수 없었던 탓에 절망하여 자살을 하거나, 사회의 차가운 시선에 노출된 채 살아간 젊은이도 많이 있었다는 것입니다. 강화회의를 했다고 해서 전쟁이 끝나는 것은 아닙니다.

일본에서는 어쩐지 2차 세계대전에만 눈길이 쏠리고 있지만, 2차 세계대전의 씨를 뿌리고 그 잔학함의 토대를 다진 1차 세계대전의 역사를 공부하는 것은 우리에게 아주 중요한 일입니다.

큰 파괴력을 가진 무기가 사용되었다는 것 외에 1차 세계대전의 큰 특징을 또 하나 든다면, 바로 역사상 최초의 대규모 총력전이었다는 점입니다. 그것은 다시 말해 전선의 군인뿐 아니라 어린이와 여성, 노인들마저 집어삼킨 '일상생활의 전쟁'이었습니다. 총과 포탄을 쏘고 수류탄을 던지는 것만 전쟁이 아니게 되었습니다. 총 뒤에서 물자 부족을 견디며 생활을 꾸려나가거나 작물을 기르는 일, 남성 노동자를 전장에 빼앗긴 공장에서 여성들이 포탄이나 독가스를 만드는 등의 일이 거국적으로 수행되는 총력전. 그것이 1차 세계대전이었습니다.

총력전에서는 적국의 병사는 물론이고 여성이나 어린이까지 죽이지 않으면 전쟁에서 이길 수 없습니다. 즉, 군대의 뒤에서 사회를 기능시키며 군대를 지원하는 '총 뒤'도 표적이되는 것입니다.

그렇게 해서 생긴 공격 방법 중 하나가 공습을 통한 무차별 학살입니다. 비행기를 적국 상공으로 날려 여성들이 일하고 있는 군수 공장에 폭탄을 떨어뜨립니다. 공폭空爆이라고도 하는데요, 이 때문에 남성만 전쟁에서 죽는 것이 아니게 되었습니다. 공습·공폭이라 하면 스페인내전 때의 게르니카, 2차 세계대전 때의 드레스덴, 충칭, 히로시마, 나가사키,

도쿄 등에서 벌어진 대규모 공습이 유명하지만, 실제로는 그 외에도 많은 곳을 들 수 있습니다. 1차 세계대전 당시에도 여러 차례 있었지요. 규모는 비교적 작았지만, 영국의 런던, 독일의 프라이부르크, 벨기에의 루뱅 등지에서 한 번에 수십, 수백 명이 죽었으며 그중에는 여성과 어린이도 다수 포함되어 있었습니다.

식량이 무기가 되다

한편, '총 뒤'를 공격하는 방법으로는 공습 외에도 여러 가지가 있었습니다. 1차 세계대전 때에 많은 사람을 괴롭힌 공격 방법으로 공습보다 더한 것이 '경제봉쇄'였습니다. '군량軍糧 공격'이라 해도 좋겠지요. 요컨대 인간이나 가축의 식량이나 비료 등이 전쟁 상대국으로 넘어가지 못하도록 운송을 저지하는 것입니다.

'군량 공격'은 영국이 먼저 채택했습니다. 독일을 굶겨 국력을 약화시키기 위해 독일에 식량을 운반하던 배를 해상에서 나포합니다. 전쟁에 관계하는 선박은 나포할 수 있다는 국제법 조항을 확대 해석하여 식량을 실은 배가 독일에 가지 못하도록 막은 것입니다.

독일은 당시에 농업 대국이었던 캐나다와 아르헨티나에서 곡물을 많이 수입하고 있었는데, 그것이 중단되었습니다. 또 러시아에서도 많은 곡물을 수입했지만, 러시아는 적국이 되어버렸으므로 당연히 수입은 멈추었습니다. 헝가리도 곡창지대이지만, 오스트리아를 먹여 살리기에도 빠듯했지요. 또 국내 농업 노동력도 필요했지만, 남성이 부족한데다 전쟁 전에는 많았던 폴란드인 노동자마저 안 오게 되었습니다.

그렇게 되면 특히 도시에 사는 가난한 사람들은 점점 굶게 됩니다. 배급제가 시작됩니다. 암거래가 생깁니다. 그러나 그것으로도 문제는 쉽게 해결되지 않습니다. 그러면 다음에는 어떻게 되는가 하면, 분쟁이 일어나고 절도가 늘어납니다. 절도를 하는 쪽은 누구냐 하면, 주로 어린이들입니다. 어른은 눈에 잘 띄기 때문에 어린이들이 합니다. 그러면 어린이가 체포되고 때로 재판을 받습니다. 그런 경우의 재판 기록이 지금도 남아 있어서, 우리는 당시 어린이들이 어떤 상황에 놓여 있었는지 알 수 있습니다.

예를 들면, 어느 재판 기록에는 "배가 너무 고파서 어쩔 수 없이 훔쳤다."라는 말이 나옵니다. 어린이가 우편배달 일을 하다가 배달물 속에 배급표가 들어 있는 것을 보고는 자기도 모르게 훔쳐서 체포되었다는 것입니다. 배가 고파 언제 쓰러질지 모르는 상태로 일하는 어린이들의 모습이 눈앞에 떠오르는 증언입니다.

어느 나라에서든 죄의식을 가장 강하게 갖는 것은 사실 아이들입니다. 예를 들어 부모의 빵을 훔쳐 먹은 아이들의 기록이 있습니다. 배가 너무 고파서 어쩔 수 없이 어머니가 소중히 숨겨둔 빵을 먹어버립니다. 그러고 나서 그 아이는 빵을 먹어버렸다는 것에 대한 자기혐오에 짓눌려 마침내는 목을 매 죽어버립니다. 어린이는 배가 고픈 것을 잘 참지 못하는데다 자신을 탓하는 성향이 강합니다. 전쟁으로 먹거리가 부족해졌을 때에 가장 큰 영향을 받는 것은 어린이라는 사실을 명심해야 합니다. 어른들의 사정으로 시작된 전쟁의 여파가 아이들에게 미치는 것입니다.

독일의 민중은 자신들을 굶기면서까지 전쟁을 이어나가는 정치가 이상하다고 느끼기 시작해 반정부 운동을 전개합니다. 그것이 얼마 지나지 않아 1918년에 독일혁명으로 이어져 황제는 결국 퇴위합니다.

결국 독일에서는 76만 명의 아사자가 나왔습니다. 영양실조로 죽은 사람도 포함된 숫자라고는 하지만, 당시 유행하던 스페인독감(강독성 인플루엔자의 일종)으로 인한 사망자는 제외된 것입니다. 독일 측에서 발표한 것이므로 수를 부풀려서 집계했을 가능성도 있지만, 그럼에도 그 규모는 독일뿐 아니라 전 세계 여러 나라로 하여금 먹기[食]의 양상을 재검토하게 하기에 충분한 것이었습니다.

트랙터가 탱크로, 화학비료가 화약으로

자, 그러면 트랙터 이야기로 돌아갑시다. 방금까지 말씀드린 것처럼 1차 세계대전은 동물도 인간도 수렁에 빠져서 살점이 떨어져나가거나 피부가 썩어들며 죽어가게 만든 아주 참혹한 전쟁이었습니다. 20세 안팎의 젊은 병사들은 가공할 무기에 의해 육체가 찢겨나갈 것을 각오하면서도 싸울 수밖에 없었습니다. 무서운 일이지요. 기관총이 내뿜는 총탄의 양은 상상을 초월합니다. 포탄은 떨어지지, 지뢰는 터지지, 1915년 4월부터는 독가스도 사용되기에 이릅니다. 그런데다 온통 철조망이 둘러쳐져 있으니 이제 참호를 파서 그 속으로 기어 들어갈 수밖에 없습니다. 그런 참호가 스위스 국경에서 도버해협까지 800킬로미터가 넘게 이어졌습니다. 이렇게 해서 전선이 교착상태에 빠집니다.

이런 상황에서 영국과 프랑스의 군인이나 군수산업 관계자들이—나중에 '캐터필러(애벌레)'라는 상표가 붙는— 미국제 무한궤도식 트랙터를 보고는 이를 응용하면 전방을 돌파할 수 있지 않을까 하고 생각했습니다. 캐터필러는 트랙터가 막 등장할 무렵부터 여러 회사에 의해 개발돼 있었습니다. 그리고 그 아이디어가 구체화된 결과 등장한 것이 바로 탱크입니다.

민간 기술을 군사 기술로 전용하는 것을 '스핀온spin-on'이라고 하는데요, 요컨대 트랙터가 스핀온을 거쳐 탱크로 변신한 것입니다. 내연기관과 캐터필러가 장착되어 있고 평평하지 않은 지형, 즉 부정지不整地에 특화된 것이 트랙터인데, 그 기술이 군사 기술로 쓰이기에 매우 적절했던 것입니다. 트랙터는 말하자면 '탱크의 어머니'인 것입니다.

2차 세계대전에서는 탱크가 크나큰 역할을 수행합니다. 연합국과 추축국을 불문하고 각국이 다양한 탱크를 개발했습니다. 평시의 트랙터 공장은 전쟁이 수렁에 빠져들면서 점차 탱크 공장으로 변모해갔습니다.

화학비료의 탄생 역시 전쟁의 양상을 크게 바꿔놓습니다.

공중 질소 고정법에 의한 암모니아 제조가 성공함으로써 화학비료의 개발이 실현되었다는 것은 앞서 이야기한 대로입니다. 그런데 이렇게 합성된 암모니아는 화학비료의 생산에만 필수적이었던 것은 아닙니다. 실은 화약의 생산에도 필요합니다. 이것도 '스핀온'이지요. 화약의 원료로 질산이 중요한데요, 이것을 암모니아로 생성할 수 있습니다. 그래서 화학비료의 생산 과정에서 만들어지는 암모니아를 화약 산업에 사용하려는 발상이 나타납니다. 즉, 화학비료 산업이 화약 산업으로 발전한 것입니다. 1차 세계대전 때에 화학자 카를 보슈는 독일 정부의 요청으로 화약의 원료가 되는 질산을 생산하는 공장을 가동시켰습니다.

일본에서는 화학비료 생산으로 성장한 회사인 일본질소비료가 쇼와전공과 함께 화약을 대량으로 제조했습니다. 일본질소비료는 그 거점으로서 북한(당시 조선)의 함흥에 조선질소비료를 창업했고, 그에 맞춰 북한에 방대한 양의 물을 떨어뜨려 전기를 생산하는 수력발전소를 산을 깎아 건설했습니다. 그 전기로 화학비료와 화약을 대량생산하여 중국 대륙 진출에 필요한 자재를 공급한 것입니다. 미나마타에서도 많은 사람이 조선반도로 건너갔습니다. 미나마타의 역사는 화학비료 제조의 역사이며 동시에 화약 제조의 역사이기도 한 것입니다. 그 연장선상에 미나마타병이 있다는 것을 알아야 합니다.

한편, 공기 중의 질소를 사용한 화약 원료의 대량생산이 가능해짐에 따라 1차 세계대전의 전장에서는 기관총이 더욱 많이 쓰이게 됩니다. 한 번에 다량의 탄환을 연사할 수 있게 되었기 때문입니다.

역사가 존 엘리스John Ellis가 쓴 《기관총의 사회사》라는 참신한 책이 있습니다. 기관총은 미국 남북전쟁에서 사용된 이래로 러일전쟁에서 눈부신 성과를 올리고 아프리카 식민지의 주민 반란 진압에 쓰인 뒤 유럽에도 투입됩니다. 엘리스에 따르면, 기관총은 "난해한 전술을 구상할 필요도, 사정거리를 계산할 필요도 없는" 무기입니다. 기관총의 특성은 닥치는 대로 쏠 수 있다는 것입니다.

당시까지만 해도 기관총은 완전히 새로운 무기였습니다. 저격용 총, 즉 라이플의 경우에는 상대를 확인하고 쏩니다.

그러나 기관총이라는 것은 영어로 머신 건machine gun, 기계적으로 연사하는 도구, 말하자면 '추상'을 겨냥해 쏘는 것입니다. 거기에 어떤 사람이 있는지, 내가 죽이려는 상대가 누구인지 확인할 필요가 거의 없습니다. 방아쇠를 당기기만 하면 적군은 몇이고 쓰러져갑니다. 이런 살상 방법은 (경제봉쇄와 함께) 사람을 살해하는 우리의 감각을 변화시켜 20세기 이후 전쟁의 성질 자체를 바꾸어놓은 게 아닐까요? 이 감각은 융단폭격, 원자폭탄, 베트남전쟁에서의 고엽제 공중 살포 작전 등을 거쳐 드론에 의한 살육으로 이어지면서 역사의 밑바닥을 개골창처럼 흐르고 있다고 할 수 있습니다. 나아가 이 감각은 힘이 없는 쪽이 아니라 힘을 압도적으로 많이 가진 쪽에 응집돼 있습니다. 앞서 말씀드렸지만, 고엽제도 몬산토가 만든 농약이지요.

2007년, 이라크에서 미군 헬리콥터가 이라크 민간인을 기관총으로 살해하는 영상 기록이 유출됩니다. 이 헬리콥터는 'AH-64 아파치'라는 전투형 헬리콥터로, 걸프전에서 실전에 투입된 것입니다. 지금은 보잉사에서 생산하고 있고, 1대에 60억 엔에서 70억 엔쯤 합니다. 저는 이 영상을 보고 전율했습니다. 헬리콥터 안의 한 병사가 총상을 입은 부상자를 옮기고 있는 민간인을 발견하더니 "부상자를 옮기고 있다."고 합니다. 그러자 다른 병사가 "어서 쏴야 해."라고 응답하고는 총격 후에 "저것 좀 보라고, 하하." 하고 웃습니다. 분명히 민간인으로 식별할 수 있는 그 사람들을 향해 공중에서 기관총을 난사하는 것이 이리도 쉽게 이루어지는구나 하고 경악을 금치 못했습니다.

사람을 죽이는 것은 긍정할 수 없는 일입니다. 그런 만큼 사람을 죽이지 않을 수 없다는 생각에 다다라 살인을 결단하고 튀는 피를 맞으며 상대의 생명을 끊는 것이라면, 거기에는 상당한 결의와 심리적 갈등이 존재하며 죄의 무게가 평생 살인자의 마음을 옭아맵니다. 자기 손으로 사람을 죽였다는 감각이 또렷이 남는 것입니다.

그러나 미군 헬기의 기총소사는 그렇지 않습니다. 민간인을 죽여놓고는 사람의 목숨을 빼앗았다는 감각도 없이 유쾌하게 웃기까지 합니다. 사람을 죽였는지 여부를 명확히 의식하지 않고도 사람을 간단히 죽일 수 있습니다. 이렇게 해서 20세기의 전쟁은 점점 걷잡을 수 없이 비참한 모습으로 변해갔다고 저는 생각합니다.

살상 감각의 변화

이 이야기의 연장선상에 원자폭탄도 있습니다. 원자폭탄을 투하한 자도 투하를 명령한 자도 어떤 사람들이 폭격을 당하고 고통 속에서 죽어갔는지를 알지 못합니다. 생존자가 있었기에 시일이 지나 그 참상의 일부가 겨우 전해졌을 따름입니다. 그러지 않았다면, 투하한 쪽은 자신들이 어떤 일을 벌였는지 전혀 알 수 없었을 것입니다. 아니, 몰랐기 때문에 히로시마에는 우라늄형, 나가사키에는 플루토늄형이라는 식으로 일부러 다른 두 종류의 폭탄을 투하해 효과를 알아보려 한 것입니다. 소아과 의사인 야마다 마코토山田眞 씨는《미나마타에서 후쿠시마로: 공해의 경험을 공유하다》라는 책에서 히로시마와 나가사키의 원자폭탄 투하에 대해 "역사상 유례를 찾아볼 수 없는 잔학한 인체 실험"이라고 잘라 말하고 있는데요, 정말이지 말 그대로입니다. 특별한 증오심 없이도 대량살상이 반복되는 시대라는 것, 그것이 20세기 전쟁의 무서움이라고 할 수 있습니다.

정치가들은 분명 증오심을 부추깁니다. 일본인은 원숭이다, 미국인은 도깨비다 하는 선전 포스터를 예로 들 필요조차 없겠지요. 하지만 실제로 사람을 죽이는 군인들은 그런 증오심을 품지 않은 채, 혹은 사람을 죽인다는 감각조차 없는 채로 사람을 죽이게 되었습니다. 정치가들이 부추긴 증오심은 오히려 총 뒤에서 효과를 발휘합니다. 특히 '전채戰債(전쟁채권)를 삽시다', '절약합시다'라는, 전쟁 비용을 충당하기 위한 광고에 사로잡혔습니다.

오늘날 매스미디어에서는 처참한 살상 사건이 매일같이 보도됩니다. 그리고 살인 용의자의 과거 경력이나 인간관계를 폭로하여 보도합니다. 이와 달리, 미군 헬리콥터에 의한 이라크 민간인 살상 사건은 상세한 묘사라고는 전혀 없이 '오폭'이라는 말로 대충 정리되고는 '다음 뉴스'에 묻힙니다. 죽임을 당한 개개인에 대한 의식 없이, 그저 열두 명이 죽었다는 식으로 데이터처럼 다뤄집니다. 한 명을 죽인 살인자에 대해서라면 와이드쇼에서 며칠이고 각 분야 해설자들의 분석을 빌려 시청자들에게 사건 전말을 소상히 전하지만, 미국의 오폭에 대해서는 좀처럼 비판의 시선이 향하지 않으며 분석도 거의 이뤄지지 않습니다. 더군다나 일본은 이라크전쟁을 지지하며 현재에도 여전히 관여되고 있다는 역사적 상황에 대한 점검조차 진지하게 이루어지지 않고 있다는 사실을 덧붙여둡니다.

우리는 이미 그런 보도 방식에 익숙해져버린 듯한데요. 그
것은 우리가 무덤덤해졌기 때문이 아니라 솔직히 말해 감각
이 무뎌져버렸기 때문입니다. 전쟁에서는 사람을 죽이는 게
당연한 일이므로 민간인을 죽이는 것도 '오차범위'에 수렴됩
니다. 이런 기이한 감각은 화학비료와 화약의 대량생산 시스
템에 의해서도 지탱되며 우리의 일상생활 속에 깊이 뿌리내
리고 있습니다. 왜냐하면 무분별한 '살상'을 가능케 하기 위
해서는 가늠할 수 없이 방대한 화약 생산이 필요하기 때문입
니다. 전쟁은 정치가 아니라 쾌적한 일상생활과 그것을 뒷받
침하는 기술 발전의 연장선상에서 기이한 양상으로 접어든
것입니다.

독가스에서 농약으로

여기서 언급할 전쟁 기술이 또 하나 있으니, 바로 독가스
입니다.

독가스는 탱크와 마찬가지로 1차 세계대전의 산물입니다.

앞서 말씀드렸듯이 이 전쟁은 참호전이었으므로 적군에게 총을 겨누기 어려웠습니다. 그래서 공기 중에 독을 산포해서 적을 죽이고 그들의 전의를 상실케 하자는 발상이 나왔지요. 1차 세계대전을 테마로 한 사진이나 영화, 회화에 가스마스크가 많이 등장하는 것은 그 때문입니다. 예를 들어 1차 세계대전에 종군하여 전쟁 경험을 테마로 작품 활동을 한 화가 오토 딕스Otto Dix(1891~1969)의 그림에 인상적으로 나타납니다.

여러 나라에 앞서 독가스 연구를 진행하여 처음으로 개발에 성공한 나라는 독일이었습니다. 당시 독가스 연구 팀의 리더가 프리츠 하버입니다. 공기 중의 질소를 고정해 암모니아를 합성하는 방법을 발명함으로써 화학비료 대량생산의 길을 연 바로 그 인물입니다. 그가 독일의 뛰어난 화학자들을 모아 독가스 제조를 선도한 것이지요.

그런데 트랙터나 화학비료는 먼저 농업을 위해 개발된 것이 나중에 전쟁으로 그 쓰임새가 옮겨 간 것이지만, 독가스의 경우는 사정이 조금 다릅니다. 독가스는 어디까지나 전쟁 목적으로 개발되어 1차 세계대전에서 대량으로 사용되었습니다. 독가스가 사람의 몸과 마음에 남긴 상흔은 아주 깊었습니다. 그 때문에 전후에 두 번 다시 사용해서는 안 된다는 국제적 합의가 도출되어 1925년, 독가스 등 화학무기와 생물무기의 사용을 금지한 국제조약이 체결됩니다. 그것이 제네바 의정서입니다. 아울러, 당시 미국과 일본은 이 협약을 비준하지 않았다는 점도 알아둘 필요가 있습니다.

한편, 1차 세계대전 중에 미국과 독일에서 만들어진 독가스는 대량으로 남게 되어 새로운 활로가 모색됩니다. 미국은 동맹국인 영국이나 프랑스에 독가스를 팔면서 자국에서는 목화밭에 독가스를 뿌리기 시작했습니다. 미국에서는 예전부터 남부를 중심으로 목화가 재배되었는데, 목화에는 해충이 붙습니다. 목화 재배에 수많은 노예가 동원된 이유 중 하나가 여기에 있습니다. 17세기의 노예제 목화 플랜테이션이 형성된 이래로 해충을 제거하는 일은 중노동이었습니다. 그것을 독가스로 구제驅除하려 생각한 겁니다.

산포는 비행기로도 이뤄졌습니다. 공군기에 독가스를 실어 목화밭 등에 뿌리기도 했지요. 해충을 대상으로 했다고는 하지만, 이 감각은 공중폭격의 감각과 어딘가 통하는 데가 있습니다. 이렇게 해서 독가스는 '평화 이용'이라는 명목으로 이름을 '농약'으로 바꾼 채 계속해서 사용된 것입니다.

지배자의 살해 감각

|

독가스 사용은 제네바 의정서에 의해 금지되었지만 이야기는 그것으로 끝나지 않습니다.

1차 세계대전이 끝난 지 얼마 지나지 않았을 무렵, 독일의 독가스 기술자는 그 기술을 가지고 스페인으로 갔습니다. 북아프리카 모로코에서 종주국 스페인에 대한 현지인의 반란인 이른바 리프전쟁Rif War이 일어났는데, 그 반란을 진압하기 위해 스페인은 독일인 연구자의 공장에서 생산된 독가스를 사용했던 것입니다.

리프전쟁이 일어났을 때 제네바 의정서는 이미 작성된 뒤였지만 발효까지는 시일이 남아 있었으므로 그사이에 스페인은 독가스 사용을 멈추지 않았습니다. 아마도 스페인에는 유럽에서는 인도적으로 무리일지라도 아프리카에서라면 사용해도 문제없으리라는 의식이 어딘가에 잠재되어 있었던 건 아닐까요? 이 감각과 해충 구제의 감각이 닮아 있다는 것이야말로 20세기 지배자들의 마음속에 자리 잡은 무서운 감각의 특징을 보여준다고 생각합니다.

이후 이탈리아도 에티오피아에서 독가스를 사용했습니다.

무솔리니가 정권을 잡은 시절, 에티오피아를 병합하려고 했을 때의 일입니다. 게다가 일본 역시 1930년대에 독가스를 사용한 바 있습니다. 당시 일본은 대만을 식민지로 삼고 있었는데 일본의 점령에 반대하는 선주민이 일으킨 게릴라전을 진압하기 위해 독가스를 사용했고, 중일전쟁 때에도 일본군은 대량의 독가스를 사용했습니다. 전후에도 그 불발탄이 남아 중국 사람들을 괴롭혔습니다.

요컨대, 유럽 내에서 전쟁의 도구로서 만들어진 독가스가 나중에는 유럽에서는 사용되지 않고 아프리카나 아시아로 표적이 바뀌어 사용된 것입니다. 여기서 20세기라는 시대에 지배적 위치에 있었던 국가들의 야만적 면모가 생생히 드러납니다.

1차 세계대전 후 독가스를 개발한 과학자들은 소독 회사를 만들고 초등학교나 전동차를 살균 소독하는 사업에 뛰어들었습니다. 이때 사용된 것이 혈액제인 청산가리입니다. 세포 내 미토콘드리아의 활동을 저해하여 세포가 혈액으로부터 산소를 공급받지 못하게 하는 독가스입니다. 당연히 아주 위험한 것이므로 묽게 해서 인간에게는 무해한 상태로 만들어 예컨대 곡물 창고 등에 뿌려 해충 대책으로서 사용되었습니다. 그러다 점차 농약으로서 널리 일반에 팔리게 됩니다.

그중에 치클론BZyklon B라는 것이 있었습니다. 독일어 '치클론zyklon'은 영어로는 '사이클론cyclone', 즉 '대선풍大旋風'이라는 의미입니다. 널리 보급되어 히트 상품이 된 그 살충제는 히틀러 정권하에서 생각지도 못한 방법으로 쓰이게 되었습니다. 강제수용소에서 유대인을 학살하는 데에 사용되었던 독가스가 바로 이것입니다. 참고로 나치는 전쟁에서는 독가스를 사용하지 않았습니다.

식물 공장과 원자력발전

|

한 가지 더, 농업 기술의 현대적 전개를 살펴봅시다. 식물 공장에 대해서입니다.

식물 공장이란 벽으로 둘러싸여 자연환경으로부터 완전히 차단된 농경 공간에서 토양을 쓰지 않은 채, 세균 없는 필요 영양소를 함유한 수경액水耕液을 작물에 주고 태양광이 아닌 LED 등의 인공광을 사용해 특히 양상추 등 잎채소를 생산하는 공장을 말합니다. 작업자는 소독된 작업복을 입고 작업 공간이 애초에 무균실과 같은 상태이므로 작물이 병에 감염되는 일은 없으며, 농약을 사용하지 않기에 아주 친환경적인 방법이라는 평판을 얻고 있습니다. LED광은 정확히 통제되므로 가뭄이나 일조량 부족을 걱정할 일도 없습니다. 에어컨이 24시간 작동하므로 기온의 급격한 변화에도 영향을 받지 않습니다. [신석기의] 농업혁명 이래로 인류가 벗어난 적이 없었던 근원적 불안을 식물 공장이 마침내 해결한 것입니다. 무농약 양상추는 몸에 좋으며 아이들에게도 안심하고 먹일 수 있다고 선전됩니다.

그러나 식물 공장은 결코 '친환경적'이지 않다고 지적하는 사람이 있습니다. 조금만 생각해보면 바로 알 수 있는데요, 무엇보다도 방대한 전력이 필요하기 때문입니다.

도쿄농업대학의 고시오 가이헤이小鹽海平 씨는 식물학자 중에서 흔치 않게 식물 공장에 비판적 입장을 취하고 있습니다. 그는 2014년 4월에 〈누가 식물 공장을 필요로 하는가〉(《世界》 855호)라는 글을 발표했습니다. 사실 식물 공장 건설은 동일본대지진 이후 정부의 부흥사업의 일환으로 전에 없는 호황을 맞고 있습니다. 고시오 씨는 식물 공장 건설이 단

지 지역의 고용을 늘리거나 지역에 돈이 돌게 하기 위해 이뤄지고 있는 것만은 아니라고 설명합니다. 채소 공장의 개발자인 전력중앙연구소는 "야간 전력을 이용한 공조空調[실내의 온도, 습도, 세균, 냄새 등을 그 장소의 사용 목적과 보건에 적합한 상태로 유지하는 일 – 옮긴이]에 의해 농약 없이 고능률의 채소 생산이 이루어지는 채소 공장의 실용화에 착수"하기 위해 채소 공장을 지었다고 분명히 밝히고 있습니다. 아울러 이 연구소의 채소 공장은 핵연료 재처리 시설이 있는 아오모리현 롯카쇼무라六ヶ所村에 건설되어 있습니다. 그야말로 원자력 발전을 위해 지어진 공장이라고 할 수 있지요. 가마타 사토시鎌田慧 씨의 박진감 넘치는 르포르타주 《롯카쇼무라의 기록: 핵연료 사이클 기지의 민낯》에 묘사된 대로, 롯카쇼무라에는 도쿄의 부동산업자나 정치가들이 몰려와 광대한 면적의 토지를 매점했습니다. 그 토지에는 공업지대를 조성하기로 한 당초의 약속과는 달리 핵연료 재처리 공장을 비롯한 원자력 관련 시설이 들어서, 핵연료 사이클이 원활하지 못한 현재의 상황에서 방사성폐기물 처리장이 된 것입니다.

원자력발전소는 출력을 조정할 수 없습니다. 정부는 도쿄전력東京電力의 원자력발전소 사고 뒤에도 LED 제조사의 시장

확대라는 야심에 부응해 '야간 전력을 효율적으로 이용하는' 식물 공장 건설을 추진하고 있는 것입니다. 이 논문에는 일본 제너럴일렉트릭이 미야기현 다가조多賀城에서 식물 공장 사업을 개시했으며, 히타치제작소日立製作所가 이와테현 리쿠젠다카타陸前高田의 돔형 식물 공장에, 도시바東芝가 후쿠시마현 미나미소마南相馬의 '솔라 아그리파크' 식물 공장 사업에 각각 1억 엔을 출자했다고 적혀 있습니다. 요컨대, 방사능에 오염된 토양을 사용하지 않는다는, 소비자가 반길 만한 명목의 배경에는 지방 부흥 예산을 기회로 여기는 기업의 논리가 작동하고 있는 것입니다.

고시오 씨는 나오미 클라인의 책《쇼크 독트린: 참사 편승형 자본주의의 정체를 파헤치다》속의 개념인 '디재스터 캐피털리즘disaster capitalism(참사 편승형 자본주의)'라는 말로 식물 공장을 둘러싼 일련의 움직임을 통렬히 비판하고 있습니다. 나아가 고시오 씨는 식물 공장의 역사를 이야기하며 흥미로운 사실을 지적합니다. "세계에서 처음으로 인공광형 식물 공장을 개발한 것은 원자력발전소를 건설하는 미국의 제너럴일렉트릭GE인데, 이것은 원래 원자력잠수함 내에서 샐러드용 채소를 기르기 위해 미 국방부가 개발을 위탁한 것이었다. 또한 GE의 식물 공장 개발은 아폴로 프로젝트를 비롯한 미 항공우주국NASA의 우주개발 구상의 일익을 담당하고 있었다." 이런 연구들은 결국 동서냉전의 긴장 완화와 함께 좌절되지만, 태양광이 미치지 않는 원자력잠수함 내에서 샐러드를 만들려는 시도가 현재의 식물 공장 개발의 원류라는 것은 군사 기술과 농업 기술의 관련을 생각할 때 간과할 수 없는 역사적 사실이라고 할 수 있겠지요.

농업에도 무기에도 사용할 수 있는 기술

여기서 일단, 농업 기술에 대한 제1강과 군사 기술에 대한 제2강을 정리해보고자 합니다.

말할 나위 없이 농업은 인간이 살아가는 데에 필수적인 산업입니다. 그러나 그 과정에서 발달시켜온 기술은 정작 사람을 대량으로 죽이는 기술과 기반을 공유하고 있습니다. 트랙터 생산 기술은 탱크로, 화학비료 생산 기술은 화약으로, 독가스 생산 기술은 농약으로 전용되었습니다. 그것들을 실제로 사용하는 농업 종사자들도 의식하지 못하지요. 요컨대, 책임의 소재가 바로 떠오르지 않는 구조인 것입니다.

이것을 '듀얼유스dual use'라고 부릅니다. 민생 기술과 군사 기술의 이중 사용이지요. 천문학자 이케우치 사토루池內了 씨의《과학자와 전쟁》에는 이 문제가 잘 정리되어 있습니다. 듀얼유스는 현재 오로지 과학연구비의 흐름으로서 문제시되고 있는데요, 저는 석사 논문에서 트랙터와 탱크, 화학비료와 화약의 듀얼유스 문제를 다룬 이래로 계속해서 그것을 생활의 구조와 인간의 감각 문제로서 생각해왔습니다. 휴대전화와 인터넷, 전자레인지와 내비게이션은 모두 군사 기술에서 '스핀온'한 것이므로 우리의 생활은 이제 이 시스템에서 벗어날 수가 없습니다. 그런데다 이 시스템은 평소 의식하지 못하고 살아가는 경우가 많으므로 죄책감 같은 것은 별달리 생기지 않습니다. 이대로 괜찮지 않은가 하는 사람도 많지요.

저 역시 트랙터나 화학비료, 농약은 전쟁에 응용되었기 때문에 써서는 안 된다는 주장에는 그다지 의미가 없다고 생각합니다. 그러나 그렇기 때문에 전쟁을 하려는 인간이 있는 한 아무리 애써도 무기는 없어지지 않으며 전쟁은 영원히 계속될 것이라는, 두뇌 회전이 빠른 '현실주의자'의 말에는 저항하지 않으면 안 됩니다. 두 얼굴을 가진 기술의 세계에 저항하는 방법을 모색해야 하지만, 그것은 나중에 제5강에서 말씀드리기로 하고 여기서는 우선 현실의 심각함을 직시하고 시스템의 성질을 아는 데서 멈추고자 합니다.

우리는 이 세상에서 무기가 전부 폐기된다 하더라도 언제든 민간 기술이 곧바로 전쟁에 동원될 수 있는 시스템 속에서 살아가고 있습니다. 우리는 늘 전쟁과 폭력이 발생하기 쉬운 이 시스템에 옴짝달싹 못 하게 결박되어 있습니다. 이 정도로 무기, 그리고 무기로 전용될 수 있는 민간 기술로 가득한 지구에서 전쟁이 없어진다는 것은, 재미난 장난감이 널려 있는 공원에서 아이들이 장난감 없이도 놀 수 있으리라고 생각하는 것만큼이나 무망한 일이겠지요.

이 관계는 원자력, 즉 핵무기와 원자력발전소의 그것과 비슷합니다. 폭탄에 쓰인 원자력은 평화의 시대가 되면 소용이 없어지지만, 에너지원으로서 사용할 수 있다고 하여 에너지산업으로 전환한 것이 원자력발전입니다. 핵에너지의 '평화적 이용'을 주창한 사람은 미국의 대통령 드와이트 D. 아이젠하워Dwight D. Eisenhower(1890~1969)였습니다. 그는 원래 군인으로서 유럽 및 북아프리카의 연합군최고사령관, 나아가 전후에는 북대서양조약기구NATO군의 최고사령관에 오른 인물입니다. 그는 원자폭탄 사용에 반대한 것으로 유명하지만, 원자력발전소 건설에는 적극적으로 관여했습니다. 그런데 그 무렵 일본에서도 우라늄 러시가 시작됨에 따라 각지에서 우라늄 광산이 개발되어, 예컨대 오카야마현과 돗토리현의 경계에 있는 닌교토게人形峠나 후쿠시마현 이시카와초石川町의 우라늄 광산 주변에서는 저임금 노동자가 방사능에 피폭되며 굴삭과 선별 작업을 했습니다.

요컨대, 이 세상에서 핵무기가 없어져도 원자력발전소가 존재하는 한 핵전쟁의 공포는 사라지지 않을 겁니다. 핵무기와 원자력발전소는 지금도 여전히 지구를 멸망시킬 수 있는 파괴력을 가진 채 우리 곁에 존재하고 있습니다. 그런데다 아주 사소한 외교적 오판으로도 핵전쟁은 발발합니다. 우리는 비록 현재의 정치인이 현명하다 하더라도 다음 선거에서 뽑힌 정치인이 어떤 인물인지에 따라 전쟁에 빠질 수도 있는 세계에 살고 있는 것입니다. 세상이 불안정할수록 산업계에는 이롭다는 것을 우리는 인식해야 합니다. 아이젠하워가 1961년 1월의 퇴임 연설에서 군산복합체의 위험성을 지적한 것은 위와 같은 의미에서 매우 시사적입니다.

저는 이 문제를 기술의 성질에서 생각해보려 합니다. 트랙터와 탱크, 화학비료와 화약, 농약과 독가스, 원자력발전과 핵무기. 전쟁 시 사용이든 평화적 이용이든, 다루는 대상에 거리를 두고 인간이 오랫동안 길러온 '감'이나 그에 근거한 즉흥적 대응력이 아닌 매뉴얼에 의존해서 도구를 사용한다는 면에서는 둘 다 비슷합니다. 트랙터 위에서는 토양의 온기와 미생물의 활동에 주의를 기울이기 어려우며, 탱크 안에 틀어박혀 있는 한 전장에서 부패한 시체 냄새를 맡지 않아도 됩니다. 농약을 대량으로 뿌리는 중에는 어떤 벌레가 죽어가는지 혹은 경우에 따라서는 익충이 죽을지도 모른다는 생각을 할 여유가 없습니다. 가스가 주입된 포탄을 원거리에서 발사하면 독가스에 의해 문드러진 피부를 볼 일도 없습니다. 원자폭탄을 투하하고는 죽은 아이를 안은 어머니의 넋 나간 얼굴을 보지 않아도 됩니다. 농약으로 인해 밭 주위의 곤충이 격감해 생태계가 바뀌든, 농업용수나 지하수가 오염되든, 사람들의 건강이 심하게 훼손되든, 특별히 신경 쓸 필요가 없습니다. 특히 화학비료나 그것이 포함된 영양액을 사용하는 식물 공장에서는 균이 달라붙지 않도록 위생을 엄중히 관리하므로 병에 걸린 양상추를 마주할 일도 없습니다.

트랙터, 화학비료, 농약, 탱크, 화약, 독가스는 전부 대량생산됩니다. 인간은 그것을 자유롭게 사용하는 동시에 그것에 사용되고 있습니다. 트랙터의 전조등을 켜면 인간은 야간에도 일할 수 있습니다. 대량의 지하자원을 사용하고, 모델이 자주 바뀌며, 처리하기 힘든 폐기물을 대량으로 발생시키고, 기업 간의 경쟁을 격화시킵니다. 20세기에 거대화한 경쟁 시스템이 전쟁과 농업을 동시에 잠식하게 된 사실을, 그리고 그 상황이 지금도 여전히 바뀌지 않았다는 점을 여기서 확인하며, 다음 강의에서는 정치와 관련된 문제를 생각해보고자 합니다.

기아로 본
20세기 정치

'암흑의 대륙' 유럽

영국 출신의 역사가 마크 마조워Mark Mazower는 1998년에 《암흑의 대륙: 유럽의 20세기》라는 책을 펴냈습니다. 명저로서 정평이 난 이 책은 한마디로 말해 20세기 유럽의 비판적 자화상입니다. 20세기는 농업사적으로 보자면 트랙터, 화학 비료, 농약이 등장하고 품종 개량 기술이 발전한 시대이지만, 정치사적으로는 전쟁과 혁명 그리고 파시즘의 시대였습니다. 마조워는 20세기를 유럽의 민주주의가 파시즘과 공산주의에 승리한 영광의 이야기, "필연적인 승리와 전진"의 역사가 아니라 좌절과 실패, 차별과 유혈로 얼룩진 어두운 역사였다고 말합니다. 그 어두운 부분을 어디까지 응시할 수 있는가, 민주주의를 절대시하며 맹신하고 있지는 않은가 하고 독자들에게 물음을 던지는 경종의 책이기도 합니다.

민주주의란 한 집단에 속하는 모든 사람이 권력자인 정치 체제입니다. 왕이나 황제, 소수의 귀족이 아니라 인민이 권력을 소유하고 행사하는 정치 형태라고 해도 좋습니다. 그러나 마조워는 인민이 권력을 쥐는 민주주의가 정작 그 절정기라고 해야 할 20세기에 기능 부전에 빠졌다고 지적합니다. 민주주의가 인류사의 개벽 이래로 쭉 존재한 것이 아니라 어느 순간에 쟁취된 것인 이상, 그 흥망성쇠의 역사를 세심히 살펴보아야 합니다. 항상 근본으로 돌아가 되묻는 작업이 빠져서는 안 됩니다. 어쨌건 우리는 현재의 시스템이 안정적이고 상대적으로 좋은 것이라고 쉽게 믿기 때문입니다.

　마조워는 그리스 근현대사 전문가입니다. 그리스 역사를 통해서라면 유럽을 좀 더 객관적으로 바라볼 수 있겠지요. 이를테면 나치는 그리스 문화에 대한 맹렬한 대항 의식과 질투 때문에 그리스에 필적하는 '북방 문화'가 오래전 북부 유럽에 존재했다는 속설을 열심히 퍼뜨렸습니다. 그리고 그리스를 점령하고는 그에 저항하는 그리스인들을 강제수용소로 보냈습니다. 얼마 전, 독일이 그리스의 경제 위기에 즈음하여 그리스에 꽤 무리한 개혁을 요구한 일이 떠오르는데요. 오늘날의 문제를 포함해서, (아랍 세계와도 인접해 있는 만큼) 유럽의 변두리라고 할 수 있는 그리스의 입장에서 보면 유럽의 민주주의가 정말이지 예의를 갖춘 문명적인 것인가 하는 의문을 품을 만도 하다고 생각합니다.《암흑의 대륙》의 서두에 오스트리아의 유대인 작가 요제프 로트Joseph Roth(1894~1939)의 다음과 같은 말이 인용된 것은 아주 시사적이지요. "왜 유럽은 다른 대륙에 문명과 예의를 보급할 권리를 주장하는가? 그들 자신에게가 아니라?"

유럽 국가들은 적어도 일본보다는 시민운동도 활발하고 정치 참여 의식도 강하다고 생각하는 우리로서는 로트의 말에 어리둥절할지도 모릅니다. 우리는 근대 유럽의 민주주의에 대해 동경심을 품기 십상이지요. 민중을 위한 정치 시스템을 쟁취했다는 식으로 말입니다. 그러나 마조워에 따르면 그것은 과찬입니다.

'다크 컨티넨트', 즉 '암흑의 대륙'이란 대체 어디일까요? 유럽은 아프리카나 아시아 등 과거 그들의 식민지를 문명과 예의의 빛이 닿지 않는다는 의미에서 '다크'라고 칭했는데요, 마조워는 그것을 그대로 유럽에 대한 수식어로 삼은 것입니다. 유럽 대륙이야말로 '다크 컨티넨트'나 다름없다고 말이지요.

콩고, 런던, 도쿄

'어둠'은 이 책의 중요한 키워드이기도 하므로 마조위의 이 야기를 넘겨받아서 제 나름대로 암흑의 세계상을 그려보고 자 합니다.

1890년에서 1891년에 걸쳐 제목에 'darkest', 즉 '다크'의 최상급 표현이 들어간 책이 3종 출판되었습니다.

첫째, 탐험가 헨리 모턴 스탠리Henry Morton Stanley(1841~ 1904)가 1890년에 간행한 《가장 어두운 아프리카에서》입 니다. 총 1,000페이지가 넘는 두 권짜리 책으로, 각 권에 지 도 포켓이 붙어 있는 큼직하고 호화로운 책입니다. 문명의 빛 이 닿지 않는 아프리카라는 장소가 얼마나 야만적이며, 그곳 에서 자신이 얼마나 용감한 모험을 해냈는가에 관한 이야기 가 담겨 있습니다. 참고로 벨기에왕국의 레오폴드 2세Leopold II(1835~1909)는 식민지 정책에 큰 관심을 가져 개인 비용으 로 '국제아프리카협회'라는 회사를 만들고 그 지사인 '콩고 강상류역조사위원회'를 설립했는데요, 그때 스탠리를 고용 해 조사, 탐험을 맡겼습니다. 그렇게 해서 레오폴드 2세는 본 국 면적의 80배가 넘는 콩고자유국을 손에 넣었고 국왕 소

유의 식민지가 탄생했습니다. 벨기에는 콩고의 고무와 상아
로 막대한 이익을 챙겼습니다.

둘째, 역시 1890년에 영국의 자선가 윌리엄 부스William
Booth(1829~1912)가 쓴《가장 어두운 영국과 그 출구》가 있습
니다. 잉글랜드에도 암흑이 있다는 내용입니다. 그가 말하는
'암흑'이란 런던의 슬럼가로, 부스는 그 어두운 슬럼가에 빛
을 비추어 그곳에서 살아가는 빈민을 지원하고 활기를 북돋
아 더 좋은 곳, 예컨대 한층 살기 좋은 인도로 이주시킨다는
아이디어를 제시했습니다. 참고로 이 사람은 구세군이라는
이름으로 세계적으로 유명한 (군사 조직을 모방한) 복지 조직
의 창설자입니다.

부스는 스탠리의《가장 어두운 아프리카에서》를 따라서
'가장 어두운 영국'이라는 표현을 사용했다고 스스로 밝히
고 있습니다. "스탠리 씨가 누빈 적도의 삼림과 내가 이야기
하려는 가장 어두운 영국은 (…) 단조로운 암흑, 말라리아와
음침함, 왜소하고 비인간화된 주민과 그들이 시달리고 있는
고역苦役, 그들의 가난과 비참이라는 면에서도"(야마무로 부호
山室武甫 역) 닮아 있다고 말이지요.

셋째, 스탠리의 탐험담을 읽고 1893년에《가장 어두

운 도쿄》라는 책을 쓴 일본의 소설가가 있습니다. 세 번째로 'darkest'를 쓴 사람은 바로 마쓰바라 이와고로松原巖五郎 (1866~1935)입니다. 마쓰바라는 스탠리의 탐험을 '만국蠻國 탐험'이라 부르고 그것을 흉내 내 스스로 도쿄의 빈민굴에 잠입해 기거하며 겐콘 이치호이乾坤―布衣라는 필명으로 르포르타주를 쓴 것입니다.

마쓰바라의 '암흑' 역시 슬럼가였습니다. 도쿄의 슬럼가죠. 당시에 도쿄에는 큰 빈민굴이 세 군데 있었습니다. 요쓰야사메가하시四谷鮫河橋, 시바신아미초芝新網町, 시타야만넨초下谷萬年町입니다. 오늘날로 말하자면 전철 주오中央선 요쓰야四ツ谷역, 야마노테山手선 하마마쓰초浜松町역, 야마노테선 우에노上野역을 각각 인근 역으로 둔 곳들이지요.

왜 이 세 곳이었을까요? 사실 요쓰야사메가하시, 시바신아미초에는 가까이에 각각 육군사관학교, 해군사관학교가 있었고, 시타야만넨초는 번화가인 우에노, 아사쿠사淺草와 맞닿아 있었습니다. 이 세 곳의 공통점은 어디든 대량의 잔반이 나온다는 것입니다.

'잔반'이라는 말은 먹고 남겼다는 의미로 쓰이지만, 여기서는 그게 아니라 조리 과정에서 내다버린 것, 이를테면 밥을 지을 때에 눌어붙은 누룽지나 빵을 구울 때에 화덕에 들러붙은 부분, 단무지의 끄트러기 등 기본적으로 조리 과정에서 폐기한 것을 말합니다. 당시에는 그런 잔반을 싼값에 사들여 빈민에게 되파는 '잔반 가게殘飯屋'라는 것이 있었는데요. 마쓰바라는 요쓰야사메가하시의 빈민굴에 들어가 "처마는 낡고 썩은데다 지붕이 온통 이끼로 덮인" 잔반 가게에서 일하게 됩니다. 그렇게 해서 마쓰바라는 우선 실제 체험을 바탕으로 빈민굴의 모습을 써 내려가는데, 그곳에서 살던 동안 다음과 같은 통찰에 도달합니다.

세상의 암흑을 보고 싶어하는 사람들은 빈민굴에 가보려하지만, 이곳에 진정한 암흑은 없다. 남에게 간단히 속아넘어가는 순박한 사람들이 있을 뿐이다. 암흑은 오히려 부자들이 사는 세계에 있는 것이다. 말하자면, 돈과 욕망이 얽힌 인간의 진정한 암흑은 거기서 찾아볼 수 있다는 것입니다.

또한 마쓰바라는 배움을 찾는 사람은 전부 제국대학을 지망하지만, 가장 진지한 학문을 추구한다면 빈민굴로 가라고 말합니다. "잔반 가게라는 것은 빈민학이다." 잔반 가게에는 다양한 사람들이 잔반을 사러 찾아와서는 온갖 이야기를 나눕니다. 그곳에 정보가 한데 모입니다. 요컨대, "밥은 정보"

이며 정보를 얻으려면 이 빈민들과 신뢰관계를 쌓고 그들의 말을 기억해야 합니다. 그 속에서 생겨나는 지식이야말로 진정한 지식이라는 인식을 품고 그는 약관 26세의 나이에 대일본제국의 아카데미즘에 일격을 가한 것입니다.

배제가 전제된 민주주의

|

마쓰바라의 '가장 어두운 도쿄'와 마조워의 '다크 컨티넨트'는 대상으로 삼은 장소와 시대, 표현의 장르는 완전히 다르지만, 한 가지 공통점이 있습니다. 그것은 무엇보다도 빛을 비추려는 인간에게 빛을 비춰야만 한다는 비판입니다.

비근한 예를 들어봅시다. 우리는 정말로 주권자로서 민주주의를 계속 담지해왔다고 가슴을 펴고 말할 수 있을까요? 저는 그렇게 단언하지 못합니다. 민주주의라는 푹신한 소파에 파묻혀 그 본질을 모르는 체하고 있습니다. 북한에 관한 뉴스를 보면서는 "끔찍한 나라야. 전혀 민주주의적이지 않아." 운운하며 비웃거나 화를 내는데요, 일본은 다른 나라를 비웃고 있을 만한 상황이 아닙니다. 지성과 품성을 결여한 말이 인터넷 공간이나 길거리에 흘러넘치고 있다는 것은 유감스럽게도 문화가 막다른 곳에 다다랐다는 조짐이지요. 예를 들어 오늘날 텔레비전 뉴스나 신문 사설이 진지하게 정권이나 기업을 비판하지 못하는 상황을 보면, 언론의 자유가 세계 랭킹 7위(2016년, 2017년)라는 것도 공허한 영예에 지나지 않고 이제는 스스로가 비웃음을 살 만한 존재가 되어버렸다고 하지 않을 수 없습니다.

또한 과거 일본이 식민지 조선이나 대만에 '문명과 예의'를 보급하려고 한 것을 오늘날 아직도 상찬하는 사람들이 끊이질 않습니다. 그러나 그렇다면 '문명과 예의'의 나라인 일본의 국민이 한일병탄에 앞서 고려나 신라 권력자의 묘를 파헤쳐 도자기를 훔치거나, 압제에 못 이겨 봉기를 일으킨 대만의 선주민에게 독가스인 루이사이트를 살포한 일에 대해서는 어떻게 설명하려는 것일까요? 전자에 대해서는 1919년 3월 1일의 조선 독립운동에 참여했다는 이유로 총독부의 탄압을 받아, 간신히 압록강을 건너 독일로 망명한 생물학자 이미륵李彌勒(1899~1950)의 수기《압록강은 흐른다: 일본 통치를 피한 조선인의 수기》나 아라이 신이치荒井信一의《식민주의와 문화재: 근대 일본과 조선에서 생각하다》에 쓰여 있습니다. 후자는 1930년 10월 27일, 타이중臺中州주에서 일어난 우서 사건霧社事件을 가리킵니다.

그리고 마조워는 상세히 이야기하지 않았지만, 유럽과 미국에서 시민계급이 자유·평등·박애를 주창하며 인권 개념을 신장시키는 한편, 아프리카에서 방대한 수의 노예를 구입해 사탕수수, 목화, 커피 농장 등지에서 가혹한 노동을 강요해온 것을 모르쇠로 일관할 수만은 없습니다. 16세기에서 19세기까지 아프리카에서 구입한 수천만 명의 노예 중 거의 3분의 2가 배에서 죽었다고 합니다. 구미인들이 인간의 자유와 평등을 입에 올릴 수 있었던 것은 노예를 사람이 아닌 물건으로 여겼기 때문입니다. 고대 그리스나 고대 로마의 경우와 마찬가지로 그것은 노예를 배제한 민주주의였으며, 그런 민주주의조차 노예 없이는 있을 수 없었습니다. 스탠리가 '암흑'이라 칭한 아프리카 대륙은 실은 유럽의 암흑 자체인 것입니다.

그렇게 생각하고 보면, 노예제 폐지 후의 20세기에도 인간에게서 '인권'을 박탈하여 물건으로 소유하고 취급하려는 욕망은 온존되어온 것으로 생각됩니다. 오늘날 여전히 만연하는 인신매매가 그 전형적인 예인데요. 전쟁 역시 일상의 법체계에서 병사를 떼어내—특공기에 실린 청년의 경우처럼—인간을 물건으로 취급하는 시스템이라고 할 수 있습니다. 그리고 노예 해방 후의 인간의 물화物化를 가장 명확한 형태로 수행한 국가가 바로 나치독일이었습니다.

나치는 '갈색 페스트'라는 말처럼 유럽 바깥에서 밀어닥친 전염병처럼 여겨지고 있지만, 엄연히 유럽 내부에서 등장한 것입니다. 심지어 1차 세계대전 후 독일의 민주주의적 바이마르헌법 아래서 합법적으로 생겨난 것입니다. 나치는 전후 민주주의의 자식인 셈입니다. 나치는 민주주의라는 시스템 아래서 내쳐진 600만 명의 실업자가 있던 상황을 타개하는 데 성공했습니다. 그것은 피폐한 자본주의를 보수하여 유지하려는 유럽 민주주의의 바람에 부합하는 것이었습니다. 유럽의 민주주의가 아돌프 히틀러Adolf Hitler(1889~1945)를 낳고 만 이상, 민주주의도 제대로 자기비판을 하지 않으면 안 된다고 마조워는 말하는 것입니다.

나치는 정당한 민주주의적 절차를 밟아 제1당으로 올라섰으며, 히틀러는 국민의 대표자가 되었습니다. 그리고 그 뒤 그들의 내각이 정한 법률이 헌법을 초월하는 전권위임법, 정식으로는 '민족과 국가의 곤궁을 제거하는 법률'이라는 것으로, 1933년 3월 23일에 이 법이 제정됨으로써 단번에 양상이 바뀌게 됩니다. 기본적 인권, 사회적 생존권, 집회의 권리, 언론의 자유 등을 보장한, 일본국헌법의 기초에도 참고가 된 민주적인 바이마르헌법을 히틀러는 대번에 정지시켜버렸습니다.

한편, 나치는 아무리 가난해도 독일인이라면 구제하겠다고 약속했습니다. 나치가 정권을 획득하기 전부터, 돌격대원들은 돈이 없어 밥을 굶거나 길거리에서 노숙하는 사람들에게 모포나 따뜻한 수프를 제공했습니다. 1차 세계대전으로 신체의 일부를 잃은 사람들에게 구원의 손을 내밀자고 호소하기도 했습니다. 그런 의미에서는 누구나 주권자라는 민주주의의 이념에 부합했으며, 그 전까지의 민주주의가 그처럼 내쳐진 사람들의 존재 위에서만 성립되었다는 감춰진 사실을 재발견하는 것이었습니다.

문제는 '아리아 인종'이라는 조건을 달았다는 것입니다. 슬라브인, 유대인, 정신장애인은 독일 국적을 가지고 있다고 해도 배제되었습니다. 나치는 1933년 7월에 '유전병의 계승을 예방하는 법률'을 제정하여 단종斷種을 실행했습니다. 1939년부터 1941년까지 계속된 악명 높은 'T4 작전'(안락사

관리국의 소재지가 베를린의 티어가르텐가 4번지에 있었기 때문에 붙은 이름)으로 어른에서 어린이까지 정신장애인을 선별해 가스실에서 안락사시켰습니다. 이 작전이 중지된 뒤에도 전쟁으로 병원의 병상이 가득 들어차면 입을 덜 목적으로 신티·로마족[이른바 '집시'로 불린다. – 옮긴이]이나 노동 기피자, 러시아인, 유대인 등 '열등 인종'을 학살했습니다. 작전이 비밀리에 이루어졌기 때문에 희생자의 수를 정확히는 알 수 없지만, 안락사라는 이름으로 죽임을 당한 사람은 10만 명이 넘는다고 합니다. 또한 나치는 독일에서 동유럽에 걸친 지역에 많은 수의 강제수용소를 세워 '열등 인종'이나 정치범 등을 가두었습니다. 수인들은 열악한 환경 속에서 영양이 낮은 식사에 의존하며 수용소 근처에 세워진 대기업 공장에서 노예처럼 무보수로 일을 했으며, 노동이 불가능한 여성과 아동은 농약 치클론B로 살해당했습니다. 그런 의미에서 나치는 민주주의의 '민民'을 인종학의 이름으로 선별해 인권을 박탈하고 죽인 것입니다. 역사에서 소멸해가던 노예제도를 인종주의로 부활시켰다고 해도 과언이 아니지요.

그렇다면 오늘날의 유럽과 미국, 일본도 '민'을 입맛대로 고르고 있는 것은 아닐까요? 이슬람교도, 피부가 하얗지 않은 사람, 외국인은 '민'일까요? 일본에는 2016년 말의 시점에서 영주자를 포함해 238만 명이 넘는 재일 외국인이 있지만, 이 사람들에게는 선거권이 없습니다. 오늘날 민주주의를 표방하는 나라들은 기실 무언가를 배제하여 성립되고 있음에도, 오히려 일본 등 여러 나라는 인권을 소중히 여기고 있다고 보란 듯이 말하고 있습니다. 마조워의 논의는 일본의 민주주의를 점검하는 데에도 도움이 되겠지요.

스웨덴은 오늘날 복지국가로서 이름이 높은데요. 1970년대까지만 해도 우생 계획을 실행하여 강제 단종마저 서슴지 않았습니다. 노르웨이, 핀란드, 덴마크, 스위스에서도 지적장애인에 대한 강제 단종이 이루어졌습니다. 이런 나라들에는 얼마간 장애인이 나온 가계家系는 단종한다는 나치식 법률이 있었으며, 그에 의거해 복지국가의 비용을 삭감하려 한 것입니다. 그리고 스웨덴 이상으로 우생 정책을 전개한 나라가 바로 일본이었습니다.

1948년에 제정된 우생보호법에 의해 유전적 질환을 가진 사람, 한센병 환자, '유전성 이외의 정신병·정신박약'을 앓고 있는 사람 등에 대해 1만 6,000건에 이르는 강제적 불임 조치가 행해졌습니다. 또한 오늘날의 출생 전 진단 기술의 발달은 복지국가의 틀 안에서 우생주의의 부흥을 가능케 하고 있습니다.

오늘날 스웨덴에서는 이 우생 정책에 관한 법률은 폐지된 상태이며, 복지국가를 표방한 나라가 '민'의 범위를 제한했다는 사실을 직시하는 역사적 검토가 이어지고 있습니다. 민주주의의 '민'이란 대체 누구일까요? 스웨덴의 사례는 물론이고 일본의 우생 정책에 대한 역사적 검증도 앞으로의 중요한 과제입니다.

그리고 또 한 가지, 마조워가 유럽을 '다크 컨티넌트'라 칭한 것은 20세기 초두의 유럽에서 수많은 사람이 실제로 기아 상태에 처해 있었기 때문입니다.

나치의 선민적 기아 계획

오늘날 아프리카에서는 내전 지역을 중심으로 8억 명의 사람들이 저영양 상태에서 고통받고 있습니다. 20세기 전반에는 유럽에도 기아에 허덕이는 사람이 수없이 많았지요. 그 중에서도 나치가 관여된 기아는 정책적으로 기아 상태를 만들어 수천만 명의 사람들을 아사시킨다는 계획을 세우고 그 것을 실행했다는 점에서 특별히 기록해둘 만합니다. 이 경 악할 만한 '입 덜기' 정책을 '기아 계획Hunger plan'이라고 합 니다. 당시 농정農政의 실권자였던 헤르베르트 바케Herbert Backe(1896~1947)가 중심에 있었기에 '바케 플랜'이라고도 합 니다. 홀로코스트의 참극에 비하면 별로 알려지지 않은 일 인데요, 먹거리 문제가 얼마나 정치에 대한 결정력을 가지는 지 알 수 있는 귀중한 역사적 증언이므로 상세히 설명하고 자 합니다.

바케의 1차 자료에 초점을 맞춰 연구한 역사학자 게지네 게르하르트Gesine Gerhard는 2015년에 《나치의 기아 대책: 제 3제국의 먹거리 역사Nazi Hunger Politics: A History of Food in the Third Reich》라는 책을 출간했습니다. 게르하르트에 따르면 기아 계 획이란 다음과 같은 것이었습니다. 1939년 8월 23일에 맺어 진 독·소 불가침조약에 의해 독일과 소련은 폴란드에서의 세 력권을 미리 설정하여, 독일은 9월 1일, 소련은 9월 17일에 각각 폴란드를 침공해 영토를 반분했습니다. 그러나 나치의 지도자들 사이에서는 독일 국내의 식량 사정이 어려우므로 폴란드와 소련에서 식량을 징발하기 위해서는 소련과의 전쟁이 불가피하다는 의견이 팽배했습니다. 히틀러 본인은 독·소 불가침조약 이후에도 여전히 소련에 대한 적의를 감추지 않았습니다. 그들 사이에 슬라브인과 공산주의에 대한 증오가 뿌리 깊게 존재하고 있었던 것은 물론이고, 1차 세계대전에서 겪은 굶주림의 비극을 되풀이하는 것은 독일 민중에게 굶주림 없는 국가의 건설을 약속한 나치에게는 금제禁制였기 때문입니다. 독일혁명 때처럼 민중이 굶주림에 못 이겨 혁명에 가담하기라도 하면 나치의 권력 기반은 당장 크게 흔들릴 상황이었지요. 어쨌거나 나치는 민주적 절차를 거쳐 선출된 터였습니다.

1940년 7월경부터 마침내 대對소련 전쟁 계획이 비밀리에 세워집니다. 그 계획에서 식량 문제를 맡은 사람이 헤르베르트 바케였습니다. 바케는 러시아의 먹거리 정책에 정통했고, 정치인보다는 관료 기질을 가진 인물이었습니다. 바케는 부하들과 함께 경악할 만한 계획을 짭니다. 대소련 전쟁에 필요한 군대의 식량은 전부 점령한 지역에서 확보할 것. 점령지, 특히 비옥한 흑토지대를 가진 우크라이나의 '잉여' 작물은 독일 본국으로 보낼 것. 그렇게 하면 소련 민중이 어떻게 될지, 바케와 그의 부하들은 잘 알고 있었습니다. 바케는 소련에는 곡물 과잉 지역과 곡물 부족 지역이 있으므로 전자를 압박하면 모스크바나 레닌그라드(현재의 상트페테르부르크), 공업 도시를 중심으로 곧바로 기아가 발생해 주민들이 아사할 것으로 예상했던 것입니다. 예상 아사자 수는 무려 2,000만 명에서 3,000만 명. 바케는 소련 주민들에게서 식량을 착취할 근거까지 생각했습니다. 소련은 급속한 공업화를 거쳐 인구가 급증했기 때문에 농업 생산이 따라가지 못한다, 따라서 2,000만 명에서 3,000만 명쯤은 '과잉인구'이므로 굶겨도 상관없으며, 또 슬라브인은 애초에 '열등 인종'이기 때문에 동정할 필요가 없다는 것이었습니다. 바케는 러시아제국 시대의 그루지야(조지아) 출신 독일인으로, 1차 세계대전에서는 적성 주민으로서 러시아 포로수용소에 수감되기도 했습니다. 그 때문에 러시아인 혐오와 러시아인을 깔보는 의식이 강해서, "러시아인의 위장胃臟은 자유자재로 신축"하므로 배급을 줄여도 괜찮다는 식의 터무니없는 소리를 하곤 했습니다. 이 기아 계획은 나치 고관들의 지지를 얻어 복사물 1,000부가 장교들에게 배포되었습니다.

레닌그라드 봉쇄와 포로의 기아

1941년 6월 22일, 나치 독일은 바르바로사 작전을 개시합니다. 독·소전의 시작입니다. 바르바로사 작전이란 12세기에 슬라브인 거주지를 향해 십자군 원정에 나선 신성로마제국 프리드리히 1세의 별명 '붉은 수염barbarossa 왕'에서 온 명칭입니다. 독일군은 연신 승리를 거두며 속속 농업지대를 점령해갔으며, 해당 지역의 주민들에게 (독일에 협력하는 사람은 예외로 하고) 하루에 700킬로칼로리 정도만 배급하는 정책을 단행합니다. 평시의 갑절에 해당하는 양의 곡물을 징발했으며, 고기와 기름, 감자 등도 독일인을 위해 대량으로 거두어들였습니다. 특히 악명 높은 것은 1941년 가을부터 1944년 초까지 900일간 독일군에 의해 수행된 레닌그라드 봉쇄입니다. 레닌그라드에 거주하던 250만 명의 러시아인을 향해 포탄을 퍼붓는 동시에 영양학자 빌헬름 치겔마이어Wilhelm Ziegelmayer(1898~1951)의 지도하에 이 도시에 대한 식량 배급을 끊고 식량 창고를 폭격하여 기아를 유발하는 작전에 돌입한 것입니다. 참고로, 영양학자의 나치 가담 사례는 강제수용소에서도 보입니다. 에른스트 귄터 솅크Ernst Günther

Schenck(1904~98)라는 영양학자는 피수용자들이 노동력을 유지할 수 있는 최소한의 영양은 어느 정도인지 알아보는 인체 실험을 자행했습니다.

군사역사가 마이클 존스Michael Jones의 《레닌그라드 봉쇄: 기아와 비정의 도시 1941-1944》에 따르면, 레닌그라드 주민들은 봉쇄 후 2개월이 지나 가혹한 기아에 직면하여 하루 평균 4,000명의 속도로 사망합니다. 배급제가 시행되지만, 그 양마저 눈 깜짝할 사이에 줄어들어 주민들은 거리의 잔반을 홈착거리고, 고양이를 포획하며, 식량을 훔치거나 피로로 쓰러진 짐마차의 말에 덤벼드는가 하면, 지도부는 외부에서 겨우 들여온 식량을 가로챕니다. 끝내는 인육식이 횡행하여 사람을 사냥하는 갱이 등장하고 시장에 인육이 돌기까지 했습니다. 벨트를 잘라 그것을 씹으며 굶주림을 견디거나 책을 물에 불려 먹었다는 회상도 있습니다. 통계에 따르면, 그 뒤로 11개월간 65만 3,000명이 죽었다고 합니다. 이 봉쇄로 총계 약 100만 명의 사망자가 나왔습니다.

한편, 러시아인 포로들에게도 기아 계획이 적용되었습니다. 영국, 프랑스와 싸우는 서부전선에서는 독일군에 사로잡힌 포로의 사망률이 5퍼센트였던 것에 비해, 동부전선에서 잡힌 소련군 포로의 사망률은 57.5퍼센트에 이릅니다. 명백히 인종적으로 대우를 달리한 것입니다. 소련군 포로에게는 하루에 700킬로칼로리밖에 주어지지 않았습니다. 고기는 전혀 먹을 수 없게 되었고 감자 대신에 순무가 나왔습니다. 게다가 노동력 배치를 위해 포로를 이동시킬 경우 서부전선의 포로는 철도 등 교통기관으로 이동했지만 동부전선의 포로는 목적지까지 총 400킬로미터를 도보로 이동한 사례도 있다고 합니다.

나치는 러시아인은 열등 인종이므로 인도적으로 대해서는 안 되고 냉혹하게 취급해야 한다는 지령을 끈질기게 냈습니다. 기아 계획을 실행한 독일은 여전히 식량이 부족했습니다. 부족한 와중에도 식량을 징발해 군대와 본국에 보내기 위해 절멸수용소를 속속 가동합니다. 요컨대, 기아 계획과 홀로코스트는 별개의 비극이 아니라 식량 확보 정책으로서 연동되어 있다고 게르하르트는 이야기합니다. 나치의 기아 계획은 최종적으로 700만 명의 러시아인을 아사시켰다고 합니다. 2,000만 명에서 3,000만 명을 상정한 당초의 계획보다 사망자 수가 적었던 것은 무엇 때문일까요? 게르하르트와 존스는 도시를 완전히 봉쇄할 수 있을 정도의 인적 자원이 나치에게 없었다는 것, 징발한 곡물을 본국에 보낼 교통수단의 미비, 예상외로 심했던 주민들의 저항, 주민들의 상호부조, 광장에서 감자나 양배추 등을 생산한 것, '생명의 길'이라 불린 [레닌그라드 동북부의] 라도가Ladoga호수의 빙상 도로를 통해 시외에서 식량을 들여온 것 등을 들고 있습니다. 빙상 도로에는 엄폐물이 없기에 독일군의 공격에 노출되기 쉽고 얼음이 깨질 위험도 있었습니다. 또한 피골이 상접한 시민들이 그저 빵만 나눈 것이 아니라, 필하모니 홀에서 드미트리 쇼스타코비치Dmitri Shostakovich(1906~75)의 음악에 귀를 기울이며 기운을 냈다는 이야기는 유명합니다. 레닌그라드에서 소개疏開된 쇼스타코비치가 고향에 헌정하기 위해 갓 완성한 7번 교향곡 〈레닌그라드〉의 공연은 오케스트라 단원들에게 소리를 낼 기력도 체력도 없었던 탓에 20분간의 리허설이 고작이었음에도, 스탈린의 지원도 있어서 대성공을 거두었습니다. 1942년 8월 9일의 콘서트는 도시의 미담으로 전해졌습니다.

어쨌든, 나치에 의한 기아 계획과 그 실행이야말로 전대미문의 정책이었다는 사실은 조금도 변하지 않습니다. 직접 총으로 쏘거나 목을 졸라 죽이는 것에 비하면 이 방법은 살인의 죄책감으로 괴로워할 일이 별로 없습니다. 식량 보급을 끊는 것만으로 당장 많은 목숨이 죽어나가는 정책입니다. 인류사에서 인간의 생명이 가장 경시된 사건의 하나로서 기억되어야겠지요. 독일은 1차 세계대전 때 영국으로부터 받은 고통을 2차 세계대전에서는 소련에 물려준 것입니다.

그런가 하면, 소련도 그저 피해자에 불과한 것은 아니었습니다. 1921년부터 그 이듬해, 1931년부터 그 이듬해에 걸쳐 소련에서는 두 차례의 대기근이 발생했는데 그 큰 원인은 무리한 곡물 조달 정책이었습니다. 곡물 징수를 회피한 농민들에게 무기를 겨눈 사례도 있었습니다. 소련이 점령한 동유럽에서도 대규모 기아가 발생했고 수많은 포로가 굶어 죽었습니다. 자국 내에서도 수많은 아사자가 나왔고요. 역사가 티머시 스나이더Timothy D. Snyder는 동유럽에서 소련 서부에 이르는, 수많은 사람이 죽어간 일대를 '블러드랜드bloodland' 즉 유혈지대라 하여, 동명의 책을 집필했습니다. 굶주림이 무기로 사용된 2차 세계대전이 의미하는 바는 무엇일까요? 저는 중요한 점이 두 가지 있다고 생각합니다. 첫째로 기아 정책이 선민적選民的이 되었다는 것, 둘째로 파시즘과 스탈린주의의 시대는 굶주림의 공포를 제쳐놓고 이야기할 수 없다는 것입니다.

전후에도 굶주림은 무기로서 사용되고 있습니다. 팔레스타인에 입식入植한 이스라엘은 국제법에 위배되는 군사행동과 점령을 70년 가까이 계속해오고 있습니다. 특히 지금의 이스라엘에 의한 가자 지구 봉쇄와 포탄 공격은 굶주림을 무기로 삼는 잔혹한 사례라고 하지 않을 수 없겠지요. 무장 군인이 감시탑에 서 있어서 다가가면 사살될 위험이 있는 벽으로 봉쇄된 팔레스타인인들은 식량 부족과 오염된 물에 시달리며, 이동의 자유도 없습니다. 가자 지구 주민들은 산 채로 죽임을 당하고 있다고 국제사회에 호소하고 있는데요. 주요 미디어의 보도는 언제나 이스라엘 측에 서 있으므로 우리는 의식적으로 정보를 모으지 않는 한 상황을 제대로 알지 못합니다.

힘이 있는 정치가, 군인, 대기업만이 역사를 움직이는 것은 아닙니다. 역사는 보통 사람들의 굶주림에 대한 공포에 의해, 비록 눈에 띄지는 않더라도 크게 움직여왔습니다. 1차 세계대전에서 2차 세계대전을 거쳐 현재에 이르기까지 얼마나 많은 사람들이 굶어 죽었고, 살아남은 사람들도 얼마나 굶주림을 두려워하게 되었는지를 떠올리면 역사의 원동력에 위장胃臟이 존재한다는 것을 뼈저리게 실감하게 됩니다.

굶주림 없는 민중의 민주주의

2차 세계대전 종전 직후, 1945년 10월 16일에 설립된 국제연합 식량농업기구FAO 등을 통해 굶주림 없는 세계를 만들려 하는 국제적 기운이 높아졌지만, 그것과 상반되는 형국으로 남북격차 문제가 나타납니다. '기아'의 구도가 크게 변했습니다. 아프리카나 아시아 등 '남'에서는 만성적 기아가 뿌리를 내리는 한편, 구미로 대표되는 '북'에서는 기아의 공포가 사라진 포식의 시대로 들어섭니다.

북반구의 풍요로운 민주주의는 남반구를 가난하게 만듦으로써 성립되고 있습니다. 북반구는 대규모 보조금과 그것을 바탕으로 한 고성능의 농업 기술을 구사하여 가격이 높은 먹거리를 대량으로 생산하고 소비하고 폐기하지만, 남반구의 나라들은 그 먹거리의 값이 너무 비싸 구입할 수조차 없습니다. 그리하여 북반구 국가들은 미국을 중심으로 잉여작물을 '원조'라는 이름으로 남반구 국가들에 보내 가격 하락을 막습니다. 그러나 원조된 먹거리는 정작 그것을 필요로 하는 사람들에게 도달하지 않으며, 횡령과 착복도 일어나고 있습니다. 더욱이 그 먹거리에 의해 현지 사람들의 미각, 농업 기술의 체계, 재배 방법, 작물의 종류, 농민의 생활 등이 서로 맞물리면서 변화를 일으켜, '남'은 '북'의 식품·농업에 연관된 기업군의 항상적 거래처가 되어갑니다. 남반구 국가들도 농업 자립을 시도해보고 싶지만, 북반구 국가들의 고성능 농업 기술 체계는 값이 지나치게 높아 도입할 수가 없습니다. 그것은 앞서 말씀드렸듯이 농업 기술, 화학비료, 농약 그리고 품종 개량으로 구성되어 있으며, 특히 유전자조작에 사용된 유전 정보에는 특허권이 적용되므로 농민들은 그것을 자유롭게 이용할 수 없습니다. 농산업Agribusiness은 고도의 농업 기술을 구사해 자유 이용을 저지하면서도 자유무역의 보급을 부르짖고 있습니다.

1949년 10월 1일에 건국된 중화인민공화국은 1958년부터 1961년까지 이러한 북반구 국가들의 자본주의 경제에 대항하기 위해 '대약진' 운동을 전개했습니다. 농작물의 대량 생산이 주요 목표의 하나로, 그 중심 방책은 '밀식密植·심경深耕' 캠페인이었습니다. 그에 따라 토양을 1미터 정도로 깊이 파서 일구고 모 역시 1평방미터당 60~75포기를 낸다는 목표가 수립되었습니다. 그러나 "화북 지역 등에서 토양을 깊이 파면 알칼리도가 높은 흙이 표층에 나오게 되어 토질의 현저한 악화"를 초래하고 또 "모를 빽빽이 낸 논은 바람이 통하기 어려워 병충해가 만연"하게 된 탓에(구보 도루久保亨,《사회주의를 향한 도전 1945-1971》) 도리어 생산량은 격감했습니다. 다른 한편에서는 각 지구의 경쟁이 격화되어 성과가 오르지 않아도 농민에게서 억지로 작물을 징발하는 일이 벌어졌습니다. 또한 화북에는 가뭄, 화남에는 홍수 등 자연재해마저 덮쳐 결국 2,000만 명이나 되는 사람들이 영양실조로 죽었다고 합니다. "영국령 홍콩의 우체국에서는 대륙에 거주하는 친척이나 지인에게 먹거리를 보내려는 사람들이 장사진"을 이루고 도시 주민은 들풀을 꺾어 먹으며 굶주림을 달랬습니다(앞의 책). 자본주의도 사회주의도 굶주림에서 자유로울 수 없었습니다.

굶주림 없는 민주주의의 실현은 너무나도 어려워 지금도 여전히 실현되지 못하고 있습니다. 구로다 기오黒田喜夫(1926~48)는 〈독충 사육〉, 〈헝가리의 웃음〉 등의 시 또는 〈죽음에 이르는 기아: 유녀의 계보〉 등의 산문으로 근대 일본을 농촌과 농민이라는 주제로 탐구한 시인입니다. 그는 1930년대 전반에 냉해에 따른 흉작이 불러온 도호쿠 지방 농민들의 기근이 근현대 일본을 저주처럼 옭아매고 있었던 실태를 고발했습니다. 한 사람도 굶기지 않는다는 절대적인 테제가, 그 절대성 때문에 스탈린이 이단자를 사형대나 수용소에 보 낸 기반이 되었다는 것도 논했습니다. 일본의 군국주의화를 결정지은 2·26사건[1936년 2월 26일에 일본 육군의 황도파(군국 주의자) 청년 장교들이 일으킨 반란 – 옮긴이]에 가담한 젊은 장 교들 중에는, 고향 도호쿠의 사람들이 굶주림으로 고통받고 있는 것에 대해 정부가 보인 무책임한 태도가 가담의 이유 였다고 쓴 사람도 있습니다.

그렇게 생각하면 구로다 기오의 지적은 스탈린주의를 지 탱한 계급적 기반과 일본의 군국주의를 지탱한 농본주의적 기반, 즉 굶기지 않으려면 기본적 인권을 제한해도 좋다고 여기는 경향을 날카롭게 지적하고 있다고 할 수 있습니다. 농본주의란 농업의 영위야말로 국가의 기초라는 이데올로 기입니다. 누구든 굶지 않는다는 당연한 기반 위에 선 세계 는 아직 실현을 보지 못하고 있습니다. 스탈린주의와 파시 즘은 기아를 없애는 실험을 국가의 틀 안에서 억지로 하려 고 한 바람에 도리어 방대한 아사자만 냈는데요. 그런 일들 을 겪고 나서도 굶주림 없는 나라를 만들려는 시도는 여전 히 쉽지 않습니다. 히틀러 역시 '독일을 굶기지 않기' 위해 국내외에서의 폭력, 특히 기아 계획을 정당화했다는 것은 이미 말씀드린 대로입니다. 이러한 관점에서 철학자 한나 아렌트Hannah Arendt(1906~75)는 1963년에 쓴 《혁명에 대하여》를 통해 인간을 빈곤에서 해방시키기 위한 혁명이었던 러시아 혁명을 비판하고 1차 세계대전 후에 생긴, 상호 의견 교환이 가능한 작은 조직인 소비에트Soviet나 레테Räte(모두 평의회라는 뜻), 그리고 정치적 자유를 추구한 미국독립혁명을 긍정적으로 평가했습니다.

저는 정치란 누구든 먹는 것에서 배제당하지 않아야 비로소 정치라 할 수 있는 것이며, 그것이 불가능한 정치는 그저 정치놀이에 불과하다고 생각합니다. 물론 인간의 행복은 먹는 것에서만 구할 수 있는 것은 아닙니다. 더위와 추위를 피하고 비바람을 견딜 수 있는 집에 살고, 책이나 장난감을 사거나 영화나 연극을 보며, 학업에 힘쓰거나 또 무엇보다도 인간으로서의 존엄을 지키는 것까지 포괄적으로 생각하지 않으면 복리후생으로서는 불완전합니다. 다시 말해 일본국 헌법 제13조에 있는 '생명, 자유 및 행복 추구에 대한 국민의 권리', 이른바 '행복 추구권'을 누리고 있다고는 말하기 어렵겠지요. 일본 아동들의 빈곤을 사회문제로서 제기한 아베

아야阿部彩 씨는 저서《어린이의 빈곤: 일본의 불공평을 생각하다》에서 아동에 대한 현금 지급cash grant의 중요성을 일관되게 언급하고 있습니다. 예를 들면 빈곤 대책으로서 빈곤층에 시리얼을 배급한다고 해도 빵이나 쌀을 주식으로 먹는 사람에게는 근원적인 해결책이 되지 못하는 것이지요.

그러나 역시 행복 추구의 중심에는 먹거리를 두어야 합니다. 노예제도가 폐지된 현재에도 인간이 인간다운 식사를 보장받지 못하는 것은 일상다반사입니다. 이시이 고타石井光太 씨가《르포/ 기아 현장에서 살다》에서 밝힌 대로, 세계 곳곳의 길거리에는 몸을 팔아 빵을 구하는 소녀들이 많이 있습니다. 빵을 구하지 못한 아이들이 길 위에 쓰러지는 일이 끊이지 않습니다. 이런 거리의 아동들에게는 투표권이 물론 없으며, 정치를 통해 의견을 나누거나 세상을 변혁하지도 못합니다. 아이들의 처지에서 보자면 '먹고 생각하며, 생각하고 산다'는 말처럼 쌍방을 동시에, 티 나지 않게 품어 안는 정치 사상이 요구된다고 생각합니다.

식사 장소의 확보가 중요하다는 점은 일본에서도 근래 '어린이식당'의 급증으로 분명해졌습니다. 요컨대, 그것은 한낱 '식사 장소'가 아니라 거처가 되기도 하는 것입니다. '어린이식당'은 빈곤가정 증가에 대한 대응이라고 이야기되곤 하지만, 좀 더 근본적으로는 사람과 사람의 관계 형성이 상정되어 있다는 것에 주의해야 합니다. 찾아오는 사람도 아동에 한정되지 않습니다. 남녀노소의 다양한 사람들이 찾아옵니다. 정보와 놀이, 이야기 상대와 따뜻한 음식이 있는 이 공간은 단순한 빈곤 대책을 넘어서 후생과 의견 교환의 장이 되었습니다. '어린이식당'에서는 방문자는 물론이고 스태프들도 교류의 울타리 안에 들어와 있습니다. 게다가 '어린이식당'과 더불어 중요한 것이 바로 급식입니다. 이른 아침부터 밤늦게까지 일해야 하는 부모들에게 급식은 아이들의 즐거움일 뿐 아니라 말 그대로 생명선인데요, 중학교 급식 보급률은 여전히 지자체에 따라 차이가 큽니다.

이런저런 행복 추구권의 원점에 일단 먹거리를 둬봅시다. 먹거리를 근거로 복지를 구상하는 시스템을 저는 차별을 전제한 민주주의에 대치시켜보고 싶습니다. 그리고 그 시스템을 밑받침하는 '굶기지 않는다'는 이념을 히틀러나 스탈린처럼 대상에 선을 긋지 않고 조금 더 여유를 가지고 생각해보고 싶습니다.

'병참'을 등한시한 일본군

|

이와 관련해서 역사를 살펴볼 때, 일본도 굶주림이라는 관점에서 보자면 비참한 경험을 한 국가였습니다. 그것은 대본영大本營이 '병참'을 중요시하지 않았기 때문입니다. '병참'이란 말하자면 후방에서 식량을 분배하거나 화약과 무기를 운반하는 일을 가리킵니다. 영어로는 '로지스틱스logistics'라고 하며, 이제는 물류 전반을 가리키는 비즈니스 용어가 되었습니다.

일본군은 병참을 등한시했습니다. 오늘날 과거의 전쟁에 흥미를 보이는 사람도 대개 전투병이나 전함, 전투기에는 관심이 있어도 식량을 운반하거나 야전에서 식사를 제공하는 취사반에는 무관심한 듯한데요, 군대는 취사장 없이는 존재할 수 없습니다. 표면상으로는 군대 부속 취사반이라 해도 실태는 '취사반 부속 군대'였습니다. 아시아 대륙과 도서부, 태평양의 섬들에서 벌어진 대부분의 전투에서 일본군은 '식량은 현지에서 빼앗는' 현지 조달을 기본 방침으로 삼았습니다. 그 결과 식량 보급이 사라져 병사들은 현지 농민을 총으로 위협해 밭이나 창고에서 농작물을 빼앗았습니다. 그마저 동이 나면 개구리나 벌레, 뱀 등을 잡아먹고 흙탕물로 목을 축여가며 어떻게든 먹고 마시는 수밖에 없었습니다. 일본군 전사자 가운데 절반이 아사자였던 것은 필연이라 해야겠지요.

후지와라 아키라藤原彰 씨가 저서 《아사한 영령들》에서 밝힌 대로, 육군사관학교에서도 병참을 담당하는 치중병輜重兵(병참병)은 경시되었습니다. 별로 인기도 없었고 임관되어도 진급하기 어려웠습니다. 즉, 일본군은 먹거리를 중시하지 않았습니다. 2013년 12월에 일식[和食]이 유네스코 세계무형문화유산에 등록되었는데요, 그것을 기뻐하기에 앞서 '일본의 식문화사 연구'의 과제가 많이 남아 있습니다. 그와 함께 미국 대통령이 히로시마를, 일본 총리가 진주만을 찾으며 연출된, 지난날의 전쟁을 동남아시아와 태평양의 섬들이 휘말린 '아시아·태평양전쟁'이 아니라 일본과 미국의 '일·미전쟁'으로 파악하려는 현재의 조류에 위화감을 느끼지 않을 수 없습니다. 이런 흐름은 일본군이 아시아의 대륙과 섬들에서 펼친 독가스전이나 현지에서의 식량 조달의 역사는 물론이고 일본군 병사의 식량이 얼마나 경시되었는가 하는 문제마저 망각하는 처사입니다.

현재 역사 인식을 둘러싸고 세계 각지에서 분쟁이 일어나고 그 역사 분쟁이 다시 정치적 자원으로 활용되고 있는데요, 굶주림의 기억도 예외는 아닙니다. 히틀러와 스탈린이 동유럽에서, 일본과 미국이 아시아에서 자행한 포학한 행위에 대한 전장 및 점령지 주민의 기억은 다양하며, 그것이 간단히 해소될 수 없는 것은 굶주림의 고통과 직결되어 있기 때문이기도 합니다. 동서냉전 이후 질서 재편의 경과 속에서 기억의 다양성이 활용되고 있는 측면을 직시해야 한다는 하시모토 신야橋本伸也 씨의 주장《기억의 정치: 유럽의 역사 인식 분쟁》은 나치의 기아 계획, 소련의 기아, 일본군의 현지조달주의 등 '먹거리와 전쟁'을 둘러싼 문제를 생각할 때에도 중요한 시사점을 제공한다고 생각합니다.

토론보다 행동

인간은 농업과 군사 분야에서 즉효성即效性 있는 기술에 좌우되고 있습니다만, 실은 정치 분야에서도 그러하다고 생각합니다. 프로파간다가 바로 그것입니다. 20세기의 민주제는 단번에 민중의 마음을 사로잡는 말과 수사의 개발로 지탱되어왔습니다. 민주주의는 모든 사람에게 권력이 있으므로 그런 기술이 없으면 의견이 정리되지 않고 균열이 생겨, 어지럽게 변화하는 세계에 대응할 수 없습니다. 1929년의 세계공황 뒤에 파시즘이 활개를 치고, 2008년 리먼 쇼크 뒤에 증오범죄Hate Crime가 세계 각지에서 나타난 것도 까닭 없는 일은 아닙니다.

되풀이합니다만, 나치는 민주주의의 산물입니다. 나치는 인종주의와 농본주의의 결합을 부르짖는 '피와 흙', 영토의 확장을 정당화하는 '토지 없는 민족'이나 '생명 공간(생활권)', 이자에 기생하는 은행가들의 지배체제를 비판하는 '이자노예제', 아방가르드예술을 야유하는 '퇴폐예술', 나치야말로 평화를 가져오는 나라라는 것을 선언하는 '천년왕국', 반항자에 대한 딱지인 '민족의 배반자', 유대인에 대한 멸칭인 '국가의 기생충', 미래의 대중소비사회를 약속하는 '민중의 차'(즉 '폭스바겐volkswagen) 등 여러 임팩트 있는 캐치프레이즈를 탄생시켰습니다. 민중의 자발적 지지 없이는 독일 국민의 일체화를 꾀할 수 없다는 것을 나치는 알고 있었기 때문입니다.

국민계몽·선전 장관으로서 연설의 명수였던 요제프 괴벨스Joseph Goebbels(1897~1945)는 신문 칼럼에 어울리는 문투로 논리적으로 이해시키기보다는 청중이 소수라도 연설로 메시지를 전하는 쪽이 좋다고 말했습니다. 인간은 유혹에 사로잡히기 쉽다는 것이지요. 논리적 이해는 마음을 사로잡는 강렬한 임팩트에 미치지 못한다는 것을 괴벨스는 알고 있었습니다. 따라서 괴벨스는 생각하게 하는 것보다는 마음을 흔드는 것, 이야기의 전개에 신경 쓰기보다는 자신의 말이 믿음을 얻었는지 여부에 신경을 썼습니다. 나치가 민중에게 던진 말은 번거로운 설명을 사상捨象하여 원인과 결과를 멋대로 이어붙이는 것이었습니다. 세계공황으로 일자리를 잃은 민중은 이런 말의 힘에 매혹되었습니다. 머리로는 나치가 배외주의적이라는 것을 알고 있었으면서도 말이죠.

일본은 재일조선인을 우롱하는 혐오발언Hate Speech 등의 정치 행동이 길거리에 흘러넘치고, 그 지도자가 도지사 선거에 입후보하는 시대에 들어섰습니다. '재일조선인은 꺼져라', '조선인은 바퀴벌레', '죽어라' 등의 폭언이 울려 퍼집니다. 우리는 논리가 아닌 감정, 대화가 아닌 공격이 위세를 떨치는 광포한 시대를 살아가고 있습니다.

현실 정치도 '협의'는 제쳐놓고 '결정'해버리기 일쑤입니다. '리더십' 아래서 즉결할 수 있는 정치가 우선시됩니다. 그 선구자 역시 나치입니다. 나치는 '지도자 원리', 즉 '토론보다 행동'을 중시하여 상의하달上意下達을 철저히 관철시켰습니다. 대학도 자치가 약화되고 경제인의 의견이 강한 이사회의 영향으로 학문의 본래 모습이 망가져갑니다. 자연환경의 제어와 이용 과정이 너무나 빨라서 엉망이 되는 것처럼, 정치 결정 과정도 졸속이 되어갑니다.

이 또한 전달 기술, 즉 미디어와 관련된 것입니다. 미디어는 여론을 형성합니다. 텔레비전, 신문, 인터넷 뉴스는 먼저 인상적인 문구로 시청자나 독자를 사로잡고 나서 자세한 설명에 들어갑니다. 시청률을 높이려면 어떻게 해서든 사실의 깊이보다는 보도의 반향을 우선시하기 십상입니다. 이런 성급함은 화학비료나 농약에 근거한 농업체계와 어딘지 닮아 있습니다.

재상의 원점

|

그렇다면 즉효성에서 자유로운, 토론을 중시하는 정치로
는 무엇을 상정할 수 있을까요? 여기서는 새삼스레 국가의
지도자에 대해 생각해보고자 합니다.

일국의 수상, 총리대신을 '재상'이라고 합니다. 독일에
서 가장 유명한 재상은 오토 폰 비스마르크Otto von Bismarck
(1815~98)이겠지요. 프로이센 동부 대토지 소유자의 자식으
로 태어난 그는 19세기 중반에 프로이센왕국을 중심으로 주
변 국가를 통합해 독일제국, 즉 독일인의 통일국가를 세웠
습니다. 비스마르크는 그때 초대 독일 황제가 된 빌헬름 1세
Wilhelm I(1797~1888)로부터 신뢰를 받은 정치가로, '철혈 정책'
을 시행했습니다. '철혈 정책'이란 1862년 프로이센 의회에서
군비 증강 예산이 부결된 후 그가 "오늘날의 큰 문제의 해결
은 연설이나 다수결에 의해서가 아니라—이는 혁명이 불어
닥친 1848년 및 1849년의 큰 결함이었습니다—철과 피Eisen
und Blut에 의해서 이루어져야" 한다고 연설함으로써 생긴 말
입니다.

철을 만들고 피를 흘리면 독일은 강해진다, 즉 무기와 군

대에 의해 독일은 강해진다는 부국강병, 대외 강경 정책입니다. 일본에서 그는 '철혈재상', 독일어로는 '피'의 의미는 들어가 있지 않고 단지 '철의 재상Der Eiserne Kanzler'이라고 불렸습니다.

여기서 중요한 것은 민주주의적 절차와 대비되는 철과 피, 즉 '힘'입니다. 서로 의견을 말하고 비판하고 타협점을 찾아내는 과정이 아니라 힘으로 굴복시키는 쪽이 목적을 달성하기 빠르다는 태도입니다. 참고로 비스마르크는 그 군사력으로 덴마크, 오스트리아, 프랑스에 승리를 거두어 국가 통일을 이룬 뒤에는 군사력보다 외교적 수단으로 유럽 내에서 독일의 지위를 확보하려 했습니다. 비스마르크는 유럽 내에서는 세력균형을 꾀하여 유럽 내의 분쟁을 피했다는 평가를 받고 있습니다. 다만 1884년 11월 15일부터 이듬해 2월 26일까지 열린 베를린회의도 비스마르크의 주도로 이루어졌다는 것을 잊어서는 안 됩니다. 이것은 벨기에의 콩고 영유를 발단으로 격화된, 아프리카에서의 권익을 둘러싼 열강의 충돌을 조정하는 회의였습니다만, 정작 아프리카의 당사자는 참가하지 못한 채 오직 열강들이 아프리카의 세력권에 선을 긋는 회의였습니다. 독일은 베를린회의 이후에 아프리카 진출을 강화하는데, 거기에 투입된 것이 철과 피였다는 것은 말할 나위도 없습니다.

여기서 '재상宰相'의 '재宰'라는 한자에 대해 이야기하고자 합니다.

시라카와 시즈카白川靜의 《자통字統》에 따르면, '재宰'의 "宀는 종묘宗廟 지붕의 모양. 辛은 곡도曲刀의 형상. 큰 칼자루가 달린 생육牲肉 자르는 포정庖丁(백정白丁)으로, 휜 칼날 모양으로 적혀 있는 것이 많다. 묘중廟中에서 희생犧牲을 재할宰割하는 것은 가로家老 등의 직에 해당하는 것이었다. 특히 중요한 의례에서는 왕이 스스로 난도鸞刀를 쥐는 일이 있었는데, 제사에서 왕을 수행하는 것이 재宰의 직무였다."고 합니다. 아마도 정치적으로 중요한 인물인 가로나, 경우에 따라서는 왕이 제사에서 포정을 휘둘러 제물인 동물을 벤다는 의미가 담겨 있는 듯합니다. 또한 중국에는 한漢나라 때의 다음과 같은 유명한 일화가 있습니다. 어느 마을의 축제에서 공물供物을 베는 '재宰'의 역할을 맡고 있던 진평陳平이라는 인물이 더없이 공평하게 마을 사람들에게 고기를 잘라 나눠주어 마을의 장로가 감탄하며 칭찬하니, "아, 제가 재상이라면 공물을 자르듯이 정치도 공평하게 했을 텐데요."라고 말했다고 합니다. 한왕 유방劉邦은 수하로부터 이미 이 진평이라는 사람은 왕을 죽 보필하지 못해 곧바로 출분出奔하거나 뇌물을 받을 절도 없는 인물이라는 보고를 받았는데, 최종적으로는 이와 같은 정치 감각을 가진 진평의 재능을 높이 사서 제장諸將에 대한 감독을 일임했고 진평도 유방을 음으로 양으로 도왔다는 이야기입니다.

왜 이런 일화를 끌어왔는가 하면, 정치의 기본은 '견인'이 아니라 '알맞게 자르는 것'이지 않을까 생각하기 때문입니다. 재상의 '재'라는 글자가 고기를 칼로 공평히 자르는 의미라는 것은, 정치의 중추에 모인 부의 재분배가 '정사政事'[정사라는 뜻의 '마쓰리고토まつりごと'의 '마쓰리まつり'는 제사를 의미한다. ─ 옮긴이], 즉 제사와 정치 성립의 기본이라는 것을 상기시켜줍니다.

고대 그리스 이야기를 잠깐 해봅시다. 그리스는 민주주의가 태어난 곳이며 오늘날에도 여전히 읽히고 있는 철학과 문학, 예술 작품을 낳은 서양 문명의 요람입니다. 그런데 그리스는 자체적으로는 충분한 먹거리를 생산할 수 없는 곳이기도 했습니다. 그래서 먹거리를 외부에서 수입하게 되는데요, 경제인류학자 칼 폴라니Karl Polanyi(1886~1946)에 따르면 수입한 먹거리의 분배 방식은 모두 함께 '민주적으로' 협의하여 결정했습니다. 그 협의 장소가 광장, 즉 '아고라'라는 공간이었고요. 아고라에서는 '시민'들이 모여 다양한 안건을 협의했는데요, 노예와 여성이 배제된 민주주의인 만큼 현대사회의 시선으로 보면 이 역시 불완전하다는 것은 말할 나위가 없겠지요.

또 '군주'를 뜻하는 영어 'lord'의 어원이 '빵loaf'을 '지키는 사람ward'인 데서도 알 수 있듯이, 권력자와 식량은 밀접히 관련되어 있습니다.

이런 사례를 들 것까지도 없이 정치의 원류, 즉 '정사(마쓰리고토)'는 본래 신에게 풍작을 빌고 수확물의 분배를 정하며 신에게 감사하는 것이었다고 할 수 있습니다. 다시 한 번 정치의 기본을 먹거리로 돌려 생각해보면 정치라는 것의 본질을 파악할 수 있지 않을까 생각합니다. 말뜻 그대로 볼 때 '재상'이란 철과 피가 지닌 '힘'이나 '속도'와는 다르며 오히려 '분배'와 '배려'라는, 조정調整의 뉘앙스를 품은 리더를 의미하는 것입니다.

즉흥성과 즉효성

먹거리를 알맞게 배분하는 것이 정치의 기본이라고 했지만, 즉흥성과 즉효성은 다르다는 점에 주의해야 합니다. 앞서 이야기한 것처럼, 한나라의 진평은 축제에 참가한 사람들에게 고기를 공평히 잘라 배분할 수 있었는데, 자신만이 옳다고 믿고 독선적으로 결정을 내린 것은 아닙니다. 대상물의 모양과 참가자의 수를 고려하며 즉흥적으로 대처한 것입니다.

오케스트라의 합주에서는 시시각각 변하는 다른 사람의 소리를 들으며 그때그때 자신의 소리를 조정하지 않으면 연주가 잘되지 않습니다. 테니스에서는 상대와 주고받는 스트로크의 리듬이나 페어의 움직임 등에 맞춰 공격의 스피드나 코스를 바꿔줍니다. 요리의 경우에도 그날 냉장고의 재고 상황, 조미료의 유무, 식료품 가게의 할인 상황, 전날까지의 식단 등을 종합적으로 고려해 그때그때 처리하지 않으면 식비를 감당할 수 없을 것입니다. 더군다나 조리 과정에서도 식재료는 화력에 따라 수시로 변하므로 요리도 즉흥적인 예술이라 할 수 있겠지요. 대화의 경우라면 어떨까요? 상대의 이야기에 귀를 기울이지 않고 오로지 자기 말만 되풀이하는 사람과 마주하는 것만큼 재미없는 일도 없을 겁니다. 대학에서는 학생의 표정을 살피지 않고 프로젝터에만 의존하여 수업을 진행하고는 마지막에 리액션 페이퍼를 요구하는 강의 스타일이 유행하고 있는데요. 어두운 실내에서는 학생의 표정 변화를 보지 못하므로 저는 가능한 한 프로젝터를 사용하지 않고 부득이한 경우에는 밝은 공간에서 사용합니다.

이와 달리, 즉효성을 표방해온 것이 20세기의 교육과 정치입니다. '때리며 가르치는' 체벌은 확실히 효과 만점일지도 모릅니다. 아픔의 기억과 공포가 학생의 일탈을 억제합니다. 폭력은 즉효성이 있으므로 한번 폭력에 감염되면 멈출 수가 없습니다. 번거롭게 말을 나눌 필요도 없애주므로 폭력은 쉽게 중독되는 것입니다. 그러나 이것은 차라리 교육의 포기라고 해야 할 것입니다.

상의하달식의 정치도 역시 중독성을 띠고 있습니다. 머리만 아플 뿐인 즉흥적 협의의 시간을 필요로 하지 않기 때문입니다. 정치의 장에는 계획성은 물론이고 즉흥성도 필요합니다. 자주 지적되는 것입니다만, 국회나 지방의회가 사전에 준비한 질의에 관료 역시 준비해온 답변만 읽고 있는 것을 보면 무척 허무한 기분이 듭니다. 거기에는 예상치 못한 논의의 전개나 번뜩이는 아이디어가 개입할 여지가 조금도 없습니다.

문제는 정치의 장에 '알맞게 자르는' 감각, 즉 즉흥성은 없음에도 즉효성이 요구된다는 것입니다. '리더십'이라는 이름의 즉효성입니다. 그렇게 되면 어디까지나 정해놓은 일을 가능한 한 차질 없이 진행시키는 것이 가장 시급한 과제가 되며, 국회의 논의나 국회에 대표자를 보내는 선거제도는 그저 의식儀式으로 전락해버립니다.

지금까지 이야기해온 것은 인류가 쟁취한 민주주의가 '영광의 역사'라고 할 만한 시기에 기능 부전을 일으키고 배제를 전제하여 극심한 빈곤과 기아를 낳았다는 것입니다. '민주주의'이므로 정치가들은 우리가 바란 대로 행동했다고 말할 수 있을지도 모릅니다. 굶주림을 견디기 위한 농업과 전쟁의 기술이 발달한 배경에는 이런 암울한 정치사가 자리 잡고 있습니다. 즉효성만을 추구하는 경쟁의 원리를 바탕으로 한 이런 시스템은 현대에도 그대로 이어져 먹거리의 세계에 갖가지 문제를 야기하고 있습니다. 다음 강의에서는 그것에 대해 살펴보겠습니다.

먹거리의
종언

먹거리 사건 파일

오늘날 우리는 먹거리를 둘러싼 갖가지 문제들에 포위되어 있습니다. 전부 목숨과 관련된 일입니다. 목구멍만 넘어가면 뜨거움을 잊는 우리이므로 다시금 떠올려봅시다. 유전자 조작 종자를 개발하는 기업의 문제에 대해서는 앞서 말씀드렸습니다. 여기서는 최근 몇 해 사이에 화제가 된 사건을 들여다보고자 합니다.

소 해면상뇌증海綿狀腦症(BSE, 광우병)은 소의 뇌에 프리온이 들어가 소는 물론이고 그 소의 특정 부위를 먹은 사람까지 죽음으로 몰아넣는 병입니다. 광우병이 전 세계를 공포에 빠트린 결과 가장 먼저 개선된 것은 트레이서빌리티traceability, 즉 식품이 어떤 나라의 어떤 생산자에게서 유래했는지 추적 가능해진 것이었습니다. 그런 분위기 속에서 소비자들은 원산지 표시를 주의 깊게 살피게 되었고, 산지를 속여 팔던 기업은 사회적 제재를 받아 산지를 위장한 회사의 사장이 자살하는 사건도 있었습니다.

조류인플루엔자는 강독성 인플루엔자입니다. 앞으로도 진화를 거듭해 인체감염증으로 이어지면 팬데믹(세계적 대유행)을 일으킬 가능성이 있습니다. 그래서 그 대책으로 강구된 것이 발생 뒤의 처리 방법이었습니다. 우주복 같은 방호복으로 몸을 감싼 위생감시원들이 양계장을 봉쇄하고는 전부 살처분하고 소독하는 대처법을 통해 조류인플루엔자를 극복하게 되었습니다.

장출혈성腸出血性 대장균감염증EHEC의 유행도 사람들을 동요시켰습니다. 예를 들면 일본에서도 익숙한 O-157이 그 일종입니다. 그런 균이 붙은 채소 등의 식품에 의해 일본, 미국, 유럽 등 세계 각지에서 집단 식중독이 일어났습니다. 그러나 병원균이 어디에서 왔는지를 파악하기가 어려웠으며 가짜뉴스가 피해를 일으키기도 했습니다. 2011년 5월에 독일을 중심으로 퍼진 EHEC 감염은 53명의 사망자가 발생한 큰 사건이었습니다. 저는 그때 마침 독일에 있었는데요, 텔레비전도 라디오도 온통 이것이 화제였습니다. 저도 불안한 마음에 익히지 않은 채소는 전혀 먹지 않고 지냈습니다. 독일의 조사기관은 스페인산 오이를 원인으로 지목했지만, 나중에는 착오였다고 정정했습니다. 스페인 농업은 이 발표로 인해 한 주 동안 2억 유로의 손해를 입었고, 조사기관의 발표에 대한 비판이 이어졌습니다.

이물질 혼입 사건도 끊이지 않습니다. 2008년, 중국제 냉동 만두에 살충제가 들어 있던 사건이 있었고, 일본의 맥도날드의 경우 2014년 10월 오카야마현 쓰야마津山의 매장에서는 치킨너겟에 작은 고무장갑 조각이 들어 있었고, 같은 해 8월 오사카 시내의 매장에서는 감자튀김 속에서 사람의 치아가 발견되었습니다. 후자의 원인은 아직도 밝혀지지 않았지만, 당연히 맥도날드에 대한 거센 비판이 일어 손님들의 발길이 한때 뜸해지기도 했습니다.

식품 안전 문제의 근원

각각의 사건에서 결국 행정당국과 기업의 대처나 검사라는 측면만 부각되면서 근원적 문제는 계속 은폐되었습니다. 요컨대, 이는 임시변통에 불과합니다. BSE, 조류인플루엔자, EHEC, 이물질 혼입 모두 좀처럼 사라지지 않을 겁니다.

이런 사고를 근절하기 위해서는 먹거리를 남아돌 정도로 대량생산하고 또 그것을 대량폐기하는 먹거리체계Food System에 칼을 대지 않으면 안 됩니다. 먹거리체계란 식품의 생산·유통·판매·소비 시스템 전체를 가리키는 말입니다. 그것은 이제 한계에 다다르는 중이라며 경종을 울리는 책이 2008년에 출판되어 일본을 포함한 세계 각지에서 널리 읽혔습니다. 미국의 저널리스트 폴 로버츠Paul Roberts가 쓴《먹거리의 종언: 글로벌 경제가 가져온 또 하나의 위기》입니다.

로버츠는 조류인플루엔자 발생의 근원적인 문제는 철새가 바이러스를 옮기는 것이 아니라 바이러스 감염에 취약한 상태로 닭을 사육하는 가축 대량생산 시스템[공장식 축산 - 옮긴이]에 있다고 썼습니다. 예를 들면 대형 양계장의 닭은 뼈에서 살이 쉽게 떨어지도록 품종이 개량되어 있습니다. 뿐만 아니라 뼈에서 계육을 분리한 뒤 결합제를 사용하여 다시 한 번 고정하는 '기계식 분리 기술'도 사용되고 있습니다. 여러 대량생산 양계장에서, 닭들은 서로를 상처 입히지 않도록 부리가 잘린 채 하루 종일 계사 안에 갇혀 있는 탓에 병에 걸리기 쉽습니다. 그 때문에 백신이나 항생물질을 대량으로 투여받는 바람에 닭들은 약에 절어 있습니다. 그것은 화학약품 회사에 많은 부를 가져다주게 되었습니다. 그렇게 해서 사육되는 닭은 운동량이 극단적으로 적고 건강 상태도 나빠서 식육이 될 즈음에는 골절을 일으키기도 합니다. 게다가 병원균이나 바이러스는 약 등의 환경에 단련되며 독성을 키웁니다. 닭을 전기 쇼크로 죽일 때, 감염된 닭에서 병원균과 바이러스가 흩날리기 쉬운 것입니다.

가축 대량생산 시스템은 미국은 물론이고 일본에서도 주류가 되어 있습니다. 계사뿐 아니라 돈사나 우사도 시설이 열악한 데가 많고 역시 백신과 항생물질이 투여되고 있습니다. 소의 사료로 소가 소화하기 힘든 옥수수를 먹이는 업자가 많습니다. 그러면 소는 위궤양에 걸리곤 하는데 그 치료제가 또 투여되는 식이죠. 이런 내용은 로버츠만이 아니라 여러 저널리스트가 밝힌 바 있습니다.

로버츠는 EHEC 역시 신선한 채소나 고기에 대한 수요 때문에 발생한다고 말합니다. 현재 콜드체인이라 불리는 냉장·냉동 시설을 갖춘 유통 기술이 발달해, 멀리서도 신선도를 유지한 채 채소를 들여올 수 있게 되었습니다. 그러나 이것에 너무 의존한 탓에 미국에서는 O-157이 끊이지 않게 됐다고 지적하지요. 아무리 콜드체인이라고 해도 유통의 사슬이 이어지면 이어지는 만큼 냉장고에 넣고 꺼내지며 병원균이 퍼지는 순간이 여러 차례 발생하기 때문입니다.

그런가 하면, 광우병의 경우 젖소의 유량을 늘리기 위해 소에서 나온 육골분을 사료에 넣었다는 사실이 밝혀졌습니다. 소의 마리당 유량을 늘리기 위해 동족을 먹인 것입니다. 나아가서는 젖소도 육우보다 싼 고기로 시장에 나오게 되었습니다. 이런 점은 제대로 비판하지 않고, 트레이서빌리티에만 초점이 맞춰진 것은 큰 문제라고 하지 않을 수 없습니다.

이물질 혼입 사건 역시 식품 산업 현장의 불철저한 위생 관리와 노동 현장의 가혹함에 책임을 물어야 하지 않을까 생각합니다. 치열한 경쟁에 이기기 위해 값싼 식품을 효율적으로 대량생산하는 데 따르는 압박은 최종적으로는 노동 현장에 집중됩니다. 이런 압박의 구조가 사라지지 않는 한 식품은 이물질 혼입으로부터 자유로울 수 없으며, 이를 근절하려면 노동 관리 및 감시를 엄중히 할 필요가 있습니다.

모래시계의 잘록한 부분

|

미국의 먹거리 활동가Food Activist이자 저널리스트인 라즈 파텔Raj Patel은 2007년에 펴낸《비만과 기아: 세계 식품 산업의 불행한 시스템》에서 먹거리체계를 모래시계에 비유했습니다. 방대한 생산자와 방대한 소비자 사이에 낀 '잘록한' 부분에는 대자본을 가진 소수의 식품가공업자, 종묘 기업, 화학 산업, 슈퍼마켓이나 패스트푸드 기업이 있으며 그들이 먹거리체계 전체를 좌우한다는 것입니다.

예를 들어 2003년의 데이터인데요, 메이저 곡물 회사인 아처 대니얼스 미들랜드ADM(미국), 벙기Bunge(네덜란드), 카길Cargill(미국), 루이 드레퓌스LDC(프랑스) 등 4사가 세계 소맥(밀) 거래의 73퍼센트, 대두 압착 거래의 73퍼센트, 사탕수수 거래의 60퍼센트를 차지하고 있습니다. 그중에서도 가장 영향력 있는 카길은 미국 미네소타주 미네아폴리스에 본사를 두고 비상장 가족 경영으로 비밀주의를 철저하게 견지하는데요, 2016년의 판매액이 11조 7,000억 엔에 이릅니다. 농산업에 정통한 경제학자 히사노 슈지久野秀二 씨는 카길 등의 거대 곡물 상사는 다음과 같은 다섯 가지의 이유에서 안정된 경영을 유지하고 있다고 이야기합니다. 첫째로 "국제 거래 시장을 과점 지배하고 있는" 것, 둘째로 "농산물을 상품으로서 거래할 뿐 아니라 그것을 원료로 하는 유통·판매·서비스 단계의 부가가치 산업을 벌이고 있는" 것, 셋째로 "국제 농업 시장에서 정보를 독점하고 있는" 것, 넷째로 "자사 사업을 직접 통합할 뿐 아니라 각 분야의 주요 기업과 전략적 제휴를 추진하는 유연성을 갖추고 있는" 것, 다섯째로 "금융·리스크 관리를 중시하여 다년간의 경험과 노하우를 축적한" 것입니다. 거래·구입·판매의 각 시장에서 높은 점유율을 보이며 "농산물의 가격 형성에 큰 영향력을 행사할 수 있기" 때문에 "그 여파는 중소의 집하·가공 회사나 농업 생산자에게 미치게 된다."고 히사노 씨는《먹거리와 농업의 사회학: 생명과 지역의 관점에서》제2장에서 분석하고 있습니다.

파텔은 '잘록한 부분'에 존재하는 기업은 막대한 자금력으로 정부에 대한 로비 활동을 벌여 규제 완화를 얻어냄으로써 "평평해야 할 운동장을 기울이고 있다."고 통렬히 비판하고 있습니다. 요컨대, 규칙이 처음부터 한쪽 팀에 유리하다는 것입니다. 또한 네스카페, 네스프레소, 킷캣, 밀로, 페리에, 비텔 등의 상품으로 유명한 세계 최대의 식품 기업인 네

슬레Nestle(스위스)를 비롯해 펩시코PepsiCo(미국), 크래프트 푸즈Kraft Foods(미국), 더 코카콜라 컴퍼니The Coca-Cola Company(미국), 유니레버Unilever(네덜란드와 영국), 다논Danone(프랑스), 켈로그Kellogg(미국) 등의 식품 기업은 광고에 막대한 돈을 씁니다. 텔레비전과 인터넷으로 광고를 대대적으로 내보내는데, 식품 패키지나 어린이들이 좋아할 만한 캐릭터를 사용합니다. 제 아이에게만 안 사 주면 불쌍하다고 생각하는 부모의 마음을 활용하는 것입니다. 파텔은 선택을 내릴 판단력이 아직 부족한 아이들을 노린 식품 산업의 광고에 규제를 가하지 않는 것은 명백한 잘못이라고 말합니다. 일본에서도 패스트푸드 기업의 광고는 애니메이션 방영 시간대에 반복적으로 흘러나옵니다. 이것은 광고가 아니라 세뇌라고 해도 과언이 아니지요. 유럽연합은 2005년의 자체 불공정거래 규제지침에 근거해 어린이를 대상으로 한 광고를 '공격적 거래 방법'의 하나라고 보고 규제하고 있지만, 일본에서는 여전히 제멋대로입니다.

소비자는 그 광고료로도 막대한 돈을 지불하고 있습니다. 폴 로버츠도 이 문제를 지적하고 있지요. 340그램이 들어간 시리얼의 슈퍼마켓 판매가는 266엔인데요, 원재료인 곡물

자체의 비용은 19엔을 넘지 않습니다. 미국의 식품 기업 전체가 연간 2조 5,000억 엔 정도를 마케팅에 쓰고 있다고 합니다. 자금력이 없는 기업은 아무리 애를 써도 승산이 없습니다. 생산자도 소비자도, 싸우기 전에 이미 승부가 갈리는 것인데도 어찌할 도리가 없는 것입니다. 모래시계의 잘록한 부분에 군림하는 소수의 농업·식품 관련 대기업은 거기에서 정기적이고 안정적으로 이익을 얻을 수 있다는 것은 제1강에서 말씀드린 몬산토의 유전자조작 종자나 신젠타의 보험 사업의 사례에서도 알 수 있지요. 2011년의 데이터에 따르면, 판매액 기준으로 세계 종자 시장은 몬산토가 26퍼센트, 듀폰이 18.2퍼센트, 신젠타가 9.2퍼센트로 상위 3사가 절반 넘게 차지하고 있으며, 농약 시장은 신젠타가 23.1퍼센트, 바이엘 크롭사이언스Bayer CropScience(독일)가 17.1퍼센트, 바스프BASF(독일)가 12.3퍼센트로 상위 3사가 역시 절반 넘게 차지하고 있습니다. 종자 시장의 강자 몬산토와 듀폰은 농약 판매에서도 각각 7.4퍼센트, 6.6퍼센트를 차지하고 있습니다 《비만과 기아》). 경제 규모의 글로벌화에 따라 이런 추세는 더욱 강화되고 있습니다.

패스트푸드의 고기는 어디에서 오는가

'모래시계의 잘록한 부분'이 가진 힘을 좀 더 구체적으로 알아보려면 패스트푸드 기업에 주목할 필요가 있습니다. 저널리스트인 에릭 슐로서Eric Schlosser는 2001년에 미국의 패스트푸드 산업이 불러온 사회적 영향을 취재해 르포르타주 《패스트푸드의 나라: 미국 대표식의 암부》를 펴냈는데요, 그 책에서 이렇게 말하고 있습니다.

막대한 구매력을 지닌 패스트푸드 체인이 균일한 제품을 추구한 결과 육우 사육법, 식육 처리법, 분쇄육 가공법도 근본적으로 변했다. 그로 인해 식육 가공 업무 전반은 (…) 미국에서 가장 위험한 일로서 가난한 이민자들의 일이 돼버렸다. 그들이 입는 산업재해는 대부분 기록에 남지 않으며 보상도 이루어지지 않는다. 게다가 노동자를 위험에 노출시키는 이 식육 산업에 의해 대장균 O-157H7 등 치사성 병원체가 햄버거용 식육과 아동을 대상으로 판매되는 식품에 들어가게 된다. 오염된 분쇄육의 판매를 저지하려는 시도는 몇 번이고 식육업계의 로비스트와 의회 내의 협력자에 의해 수포로 돌아간다. (니레이 고이치楢井浩— 역)

패스트푸드는 지방과 나트륨이 과하고 칼로리가 높은 반면 가격은 낮아 건강을 해친다고 이야기되곤 하는데요, 문제는 그뿐이 아닙니다. 낮은 가격의 햄버거나 감자튀김을 대량으로 생산하려면 과잉으로 효율이 좋은 시스템이 필요합니다. 이를테면 패스트푸드 기업은 계약을 맺은 육우 생산자에게 가능한 한 싸고 가공하기 쉬운 고기를 안정적으로 그리고 대량으로 공급할 수 있는 사육 방법을 요구합니다. 생산자는 소의 건강이나 날씨의 변화 등에 적절히 대응할 수 없으며, 기업의 매뉴얼대로 기계나 약품을 사들일 수밖에 없고, 그 바람에 대출금을 상환할 수 없게 되어 파산하는 패턴이 흔히 보입니다.

그 밖에도 슐로서는 시카고의 식육 공장 취재를 바탕으로 고기가 걸린 현수 레일이 돌아가는 속도가 너무 빨라서 칼을 들고 내장을 처리하는 이민노동자들이 빈번히 부상을 입는 실태를 묘사하고 있습니다. "지붕 꼭대기에 올라가 목소리가 마를 때까지 소리치고 싶다. 누군가 들어주길 바라며."(앞의 책)라는, 식육 공장에서 등과 오른손에 부상을 입은 젊은 여성의 말을 슐로서는 전하고 있습니다. 또한 콜로라도의 식육 공장에서 일하는 멕시코 출신의 젊은 남성 라울은 가공기 속에 손을 넣어 거기에 낀 고기 조각을 빼내려다가 기계가 오작동하는 바람에 큰 부상을 입었습니다. 구급차로 병원에 실려 갔지만, 상처를 봉합하고 강력한 진통제를 처방받은 뒤 다시 식육 공장으로 보내져 붕대를 칭칭 감은 채 작업 종료 시각까지 일을 계속했다고 합니다. 노동자의 생살여탈권을 현수 레일의 속도가 쥐고 있는 것입니다. 물론 이것은 빙산의 일각이며 인간을 노예처럼 부리는 미국 식육 공장의 실태는 전쟁터와 다름없을 정도로 가혹합니다. 패스트푸드점의 점원 역시 과중하고 위험한 일을 저임금으로 강요당하고 있습니다. 대량생산되는 식품의 배후에는 반드시 대단히 낮은 임금과 가혹한 노동환경이 있는 것입니다.

또한 슐로서는 패스트푸드점을 비롯한 식품 기업이 착향료 사용에 더 주의를 기울여야 한다고 주장합니다. 현재 많은 식품에는 인공 향료와 천연 향료가 다수 사용되고 있습니다. 양자가 명확히 구분되는 것은 아니어서 천연 식물에 화학약품을 흘려 추출한 것까지 천연 향료라고 불리기도 합니다. 세계적으로 향료 산업은 식품 기업에 반드시 필요한 존재가 되었습니다.

향료가 왜 문제가 되는 것일까요? 슐로서에 따르면 인간은 미각보다도 후각이 발달해서, 먹을거리를 마주하자마자 후각의 센서가 작동해 먼저 그 정보가 뇌에 전송됩니다. 향만 좋게 만들면 내용물과는 무관하게 '맛있다'는 선입관을 소비자에게 심을 수 있는 것입니다. 예를 들어 가게에서 팔고 있는 탄산음료나 과자류의 포장을 보면 원재료 표시 부분에 '향료'가 들어가 있는 것이 대다수입니다.

이것은 식품을 내용, 맛, 향, 포장 등으로 분해해 각각을 분업에 의해 생산하고 식품 기업이 그것을 통합해서 상품화한다는 의미입니다. 이런 방식이 아니면 신속한 대량생산은 불가능합니다. 부품을 조립해 완성한 이 상품이 오늘날 '먹을거리'로서 많은 사람의 입속으로 들어가고 있는 것입니다.

세계 음식물 폐기의 동향

|

종언 혹은 종말이라는 말은 사람을 선동해 냉정한 비판을 가로막기 때문에 저는 사용하길 주저합니다. 폴 로버츠도 명확히 정의하고 있는 것은 아닙니다. 그렇지만 "먹거리의 종언"이 그 본래의 성질을 잃은 것이라고 정의한다면, 이 말은

현재 진행되고 있는 상황을 적확히 표현한다고 생각합니다. 우리는 음식이 소비되지 않은 채 쓰레기통에 버려지는 사태에 익숙해져버렸습니다. 이것은 먹거리의 상품화가 극한으로까지 진행되었기 때문에 일어나는 일이 아닐까요?

저는 먹거리의 특징으로서 비내구성, 자연성, 정신의존성 세 가지를 들 수 있다고 생각합니다. 즉, 부패하기 쉬운 것, 동식물의 사체 덩어리인 것, 신앙심이나 가족애 등 다양한 감정이 개입되기 쉬운 것입니다. 그러나 지금 먹거리는 그런 특징을 잃고 단순한 '물건'이 되었습니다. 그것은 종교나 가족 등 공동체에 의한 규제에서 식생활이 자유로워지는 한편, 먹거리가 소비되지 않은 채 어마어마하게 폐기되는 상황, 또는 음식으로 쓰일 옥수수나 대두가 바이오연료가 되는 상황과 직결되어 있습니다.

《아사히신문》에 '식품 손실'에 관한 훌륭한 기사가 연재되었습니다. 제1회(2016년 8월 28일자 조간)에 따르면 세계적으로 매년 생산된 먹거리의 무려 3분의 1, 즉 13억 톤이 버려지고 있습니다. 2012년 가을에 교토시 직원들이 블루시트 위에서 쓰레기봉투를 열어 조사해본 결과, 30퍼센트의 식품이 아직 소비기한을 넘기지 않은 상태였습니다. 농림수산성에 따르면 음식물 쓰레기는 가정과 기업을 아울러 1,676만 톤으로, 그중 632만 톤은 아직 먹을 수 있는데도 버려진 '식품 소실'입니다. 이는 국제연합 세계식량계획WFP이 2015년 기아로 고통받는 사람들에게 지원한 식량 320만 톤의 두 배에 해당합니다.

언젠가 대학 강의에서 빵집에서 일하는 학생이 아주 인상적인 리포트를 발표한 적이 있습니다. 그녀는 팔고 남은 빵을 매일 쓰레기봉투에 담아 플라스틱 통에 넣고는 뚜껑을 닫아놓았습니다. 뚜껑을 닫지 않으면 노숙인이 와서 빵을 가져가버리기 때문입니다. 점주는 가게의 미화와 평판에 신경을 써서 노숙인이 오지 않도록 플라스틱 통으로 철저히 봉해두었던 것입니다. 빵집은 손님의 선택지를 늘리기 위해 많은 종류의 빵을 구우므로 폐기율이 높게 마련인데요, 예컨대 독일의 어느 빵집에서는 팔고 남은 빵을 다시 빵을 굽는 연료로 활용하는 예가 있을 정도입니다. 그 학생도 팔리지 못하고 버려지는 대량의 빵으로 고심했습니다. 그러다 어느 날 플라스틱 통 앞에서 노숙인과 맞닥뜨렸습니다. 어색한 분위기가 흐르자 노숙인은 그대로 가버렸습니다. 그 학생은 생각 끝에 쓰레기봉투를 매번 느슨하게 묶어 일정한 시간대에 플라스틱 통 위에 두고는 바로 가게로 들어갔습니다. 그러자 빵이 든 쓰레기봉투가 번번이 없어졌다고 합니다.

이런 식의 사소한 저항도 적지 않게 이뤄지고 있는데요, 방대한 음식물 폐기에 대해서는 현재 조직적인 움직임이 다양하게 일어나고 있습니다. 예를 들어 품질에는 문제가 없으나 포장 불량 등으로 폐기되는 식품을 식품 기업에서 기부받아 노숙인 등 빈곤층에 나눠주는 푸드뱅크 운동이 있습니다. 미국에서 시작된 이 운동은 일본에서도 확대되고 있습니다. 세컨드 하비스트 재팬Second Harvest Japan 등의 활동은 비교적 잘 알려져 있지요.

좀 더 래디컬하게 대응하는 운동도 있습니다. 유럽에는 슈퍼마켓의 쓰레기통을 뒤져 소비기한이 지나지 않은 식품을 주워 먹는 '쓰레기통 다이버'라는 활동가가 있습니다. 마쓰바라 이와고로가 묘사한 잔반 가게처럼 잔반을 내다팔기 위해서가 아니라 음식물 폐기 현상을 고발하기 위한 행위입니다. 쓰레기통을 뒤져서 얻은 식료품으로 끼니를 해결하면 식비가 들지 않는데요, 그 돈으로 활동자금을 충당한다고 합니다. 그런가 하면 버려진 식재료를 사용해 유럽 5개국에서 요리를 하는 로드무비 〈0엔 키친〉(2015년)―원제는

〈웨이스트쿠킹Wastecooking〉입니다—도 있습니다. 이 영화는 2017년 1월에 일본에서도 공개되었습니다. 감독이자 주인공인 오스트리아인 다비트 그로스David Gross는 폐유로 움직이는 키친카를 몰고 다니며 슈퍼마켓의 쓰레기통이나 가정의 냉장고들에서 방대한 양의 소비기한이 남은 먹을거리를 구출했습니다. 놀랍게도, 아직 먹을 수 있는 음식들이 슈퍼마켓의 쓰레기통이나 가정의 냉장고 안에서 속속 나왔지요. 그는 전문 요리사들의 힘을 빌려 믿을 수 없을 정도로 맛있는 요리를 만들어 사람들에게 무료로 제공합니다. 감독의 온화한 인품 덕인지 설교적인 면은 조금도 없이, 모두 함께 의견을 교환하면서 정말로 즐겁게 식사를 하는 장면이 마음에 남는 영화였습니다.

그렇지만 유감스럽게도 푸드뱅크나 '쓰레기통 다이버', 혹은 그 어떤 독특한 시도라 해도 세계의 음식물 폐기 경향을 멈출 수 있을 만큼 소비자의 의식을 개혁하지는 못하고 있습니다.

오늘날 먹거리 문제의 근원에 있는 먹거리체계는 특정 기업에 봉사하는 시스템이 되어버렸습니다. 기업이라 해도 말단의 노동자는 그 시스템의 수혜자가 아니라 희생자입니다.

승패가 이미 정해진, 공정한 경쟁조차 이뤄지지 않는 시스템입니다. 한쪽에는 아무렇지도 않게 음식을 버리는 사람이 있다는 것, 이것이 먹거리에 대한 우리의 감각이라고 분명히 말할 수 있겠지요. 이 감각을 변화시켜 좀 더 생생한 먹기의 감각을 공유하기 위해 우리는 무엇을 할 수 있을까요? 다음 강의에서는 그것을 함께 생각해보고 싶습니다.

먹거리와 농업의
재정의

어디까지가 먹는 행위인가

|

지금까지 20세기 이후의 전쟁과 정치 그리고 일상의 식생활이 겪은 변질의 배경에는 효율을 중시한 먹거리의 구조와 그것을 지탱하는 농업의 구조가 있다는 이야기를 했습니다. 시스템의 희생자가 성실하면 성실할수록 문제를 자신의 책임으로 여깁니다. 그러나 그것은 개인의 책임이 아니라 시스템의 문제라고 생각하는 용기도 필요합니다. '베트남에 평화를! 시민연합'의 대표 중 한 사람인 오다 마코토小田實(1932~2007)는 1972년에 낸《개혁의 윤리와 논리》속에서 시스템만을 검증하고 비판하는 지식인은 시스템을 움직이는 인간과 그 생활을 무시하고 있다고 맹렬히 비판했습니다. 저도 동의합니다. 그러나 다른 한편에서 무엇이든 '자기책임'으로 여기는 시대의 분위기는 우리로 하여금 시스템의 문제를 보지 못하게 합니다. 개개인의 자유로운 삶을 긍정할 뿐 아니라 그 삶을 보다 풍요롭게 하기 위해서 좀 더 인간미 있는

시스템을 고안해볼 수 없을까요.

물론 그것을 단번에 제시하기란 대단히 어려운 일이지만, 적어도 그 전제로서 황폐해진 '먹거리'와 획일화된 '농업'의 의미를 다시 한 번 되묻지 않으면 안 됩니다. 현재와는 다른 시스템의 근간에 새로운 먹거리와 농업의 사고방식을 두는 것입니다. 우리의 생명은 농기계, 화학비료, 농약, 유전자조 작 기술, 패스트푸드 기업 등이 강요하는 효율주의가 식품 생산의 현장과 식품 소비의 현장 양쪽을 엄격히 통제함으로 써 유지되고 있는데요. 그것과는 전혀 다른 생명의 가능성 을 생각해보기 위해, 이 강의에서는 문제 극복의 사상적 기 반을 정비하는 작업까지 시도해보고자 합니다.

우선 '먹는다는 것'의 범위입니다. 오늘날 대규모 식품 기업 은 소비자에게 판매하는 것을 목적으로 할 뿐 그 뒤의 일은 등한시하므로 어느새 우리도 음식을 먹는 행위의 범위를 좁 게 생각하는 듯합니다. 그러나 식사란 그렇게 소소한 행위가 아닙니다. 저는 얼마 전《아사히신문》(2015년 3월 15일자 석간) 에 오징어 오도리구이踊り食い[어패류를 살아 있는 상태로 먹는 것 –옮긴이]에 대해 쓴 적이 있는데요, 이때 음식을 먹는다는 것 이란 무엇인가 하는 근원적인 물음에 부닥쳤습니다.

그것은 교토의 한 술집에서 겪은 일이었습니다. 여담이지만, 교토에는 아주 개성적인 음식점이 많지만 체인점도 많습니다. 2015년 통계로 10만 명당 맥도날드 점포수는 교토가 3.37로, 2위인 오키나와현(2.96)을 큰 폭으로 제치고 전국 1위입니다. 일식의 성지가 맥도날드의 성지이기도 하다는 것은 고찰할 만한 테마입니다. 제가 찾은 곳은 다양한 음식점 중에서도 개성적인 술집이었는데요. 거기서 흐느적거리는 오징어 다리를 젓가락으로 집어 간장에 찍어 먹었습니다. 간장 속에서나 입속에 들어가서나 오징어는 산 채로 얼마 동안 움직이고 있었습니다. 그것을 눈을 질끈 감고 잘게 씹는데, 씹은 뒤에도 조금 움직였습니다. 그러면 더 열심히 씹어 삼킵니다. 잘 생각해보면, 오징어가 하늘의 부르심을 받은 것이 언제인지는 알 수 없습니다. 잘게 씹었을 때인지 아니면 위장에 도달했을 때인지, 혹은 주방에서 조리될 때인지. 그러자 기묘한 감각에 휩싸였습니다.

그때 깨달은 것이 크게 두 가지입니다.

첫째로, 음식을 먹는 행위란 도대체 어떤 단계에서 끝나는가 하는 것입니다. 위장에 들어가면 먹은 것일까 하는 생각이 먼저 들었습니다. '후니오치루腑に落ちる'['납득이 가다', '이해가

가다'라는 뜻 – 옮긴이]라는 말이 있습니다. '후腑'라는 것은 배에 있는 내장, 즉 위를 가리키는 것인데, 뭔가 알 수 없는 것이 배 안에 쿵하고 떨어지면 납득한 기분이 든다는 것입니다. 그것이 '후니오치루'라는 말의 의미로, 아마도 사람은 무엇이든 배 안에 들어오면 안심하고 받아들이는 것인지도 모릅니다.

그러나 위를 지나면 장이 기다리고 있습니다. 위를 통과한 뒤 십이지장을 거쳐 소장에서 대장, 직장으로 나아가 항문을 거쳐 마침내 몸 바깥으로 나옵니다. 아니, 과연 바깥으로 '나오는' 것일까요? 실은 내장 자체도 인간의 내부가 아니라 내부와 외부의 교류 공간이 아닐까요?

그렇다면 위에서 그치지 않고 항문까지의 전 과정을 먹는 행위로 쳐도 좋지 않을까 하고 생각한 것입니다. 요컨대, 인간을 생태계를 방황하는 일종의 관(호스)으로 보는 것입니다. 그러나 거기까지 생각하면 한 발 더 나아가고 싶어집니다. 항문을 통과해 바깥으로 나오는 것, 즉 '배설'은 도시에서는 하수도에 맡기는 것, 당돌하게 말하자면 스스로를 세계에 잇는 것이라고까지 말할 수 있습니다.

현재 먹거리체계의 정의는 인간이 식품을 구입하는 데서 끝납니다. 식품 기업으로서는 식품이 입에 들어가지 않아도 구입만 해주면 그만입니다. 그렇기 때문에 광고에 돈을 저렇게나 들이는 것입니다. 그러나 식품이 불러일으키는 피해는 입속에 들어간 뒤에 나타납니다. 이 '타임래그time lag(시차)'에 식문화가 품은 문제의 원인 하나가 있다고 생각합니다.

둘째로 생각한 것은, 평소의 인간이란 결국 생물의 유해나 그 혼합물밖에 먹지 않는다는 것입니다. 이미 목숨을 잃은 것만을 먹고 있습니다. 하늘의 부르심을 받은 생물들을 잘게 썰어 굽거나 끓여서 먹고 있을 뿐입니다.

예를 들면 지구상에는 살아 있는 곤충의 유충을 먹는 지역이 있습니다. 그러나 대체적으로 말해 인간은 기본적으로 불을 사용해 고기나 채소를 조리해 먹습니다. '생生'이라고 해도 회든 쇠고기든 산 채로 먹는 것은 아닙니다. 기본적으로 우리는 생물의 유해를 (거기에 붙어 있는 미생물은 예외로 하고) 미소를 지으며 먹고 있다는 것을 새삼스럽게 의식한 것입니다.

이상의 두 가지를 종합해서 생각해보면, 음식을 먹는다는 것은 생명체가 더듬어가는, 영원토록 계속되는 여행의 일부에 관한 행위에 불과하다는 것을 알 수 있습니다. 식사라는 현상은 본래 아주 느긋한 행위입니다.

도기와 도기 사이

|

저는 오징어 오도리구이에 관한 글을 시즈오카현에 사는 도예가 모토하라 레이코本原令子 씨에게 보여준 적이 있습니다. 이상하게도 공감을 얻은 바가 많았습니다.

모토하라 씨는 세계적으로 활약하고 있는 도예가로, 그녀와는 식문화나 농업을 주제로 몇 차례 대담을 나눈 적이 있습니다. 그녀도 그때 마침 다른 관점에서 식사라는 행위의 범위에 대해 생각하고 있었기 때문에, 저의 글에 공감을 표했다고 합니다.

모토하라 씨에 따르면, 인간은 상수도와 하수도 사이에 있다는 의미에서 싱크대와 같습니다. 이색적인 이야기이지요. 상수도의 물은 몸속에 들어가면 더는 상수로는 쓸 수 없어지므로 하수도로 흘려보낸다는 의미입니다. 앞에서 인간은 일종의 관에 지나지 않는다고 이야기했는데요, 그것을 모토하라 씨의 말과 조합해보면 인간이라는 관은 변기에서 하수관과 접속한다는 이야기가 됩니다. 종교 비판을 행한 철학자 루트비히 포이어바흐Ludwig Feuerbach(1804~72)는 구약성경에 있는 "사람은 빵만으로는 살아갈 수 없다."라는 구절에 대항해서 "인간은 먹는 존재다Der Mensch ist, was er isst."라는 말을 남겼는데요, 그 말을 더 밀고나아가면 '인간은 먹고 싸는 존재'라고 해도 좋겠지요. 즉, 먹는 것이 인간의 존재라면 입에 들어가기 전이나 위장을 거친 뒤에도 생각이 미치지 않으면 안 된다고 모토하라 씨는 이야기하는 것입니다.

도예가가 왜 그런 생각을 했는지, 다양한 이유를 들었습니다만, 저는 현대사회를 살아가는 우리는 도기에 음식을 내고 또 먹고 있기 때문이 아닐까 하고 해석했습니다.

식기는 대부분 도기입니다. 우리는 도기로 음식을 먹습니다. 그리고 변기도 진화를 거듭한 결과 도기로 만들어지게 되었습니다. 플라스틱도 나무도 아닌 도기로 만들어지는 까닭은 그것이 위생적으로 가장 뛰어난 소재이기 때문입니다. 참고로, 1917년 5월에 기타큐슈시 고쿠라小倉에 설립된 위생 도기 기업으로, 현재 변기 회사로 유명한 'TOTO'의 창업 당시 명칭은 '도요토키東洋陶器'였습니다.

요컨대, 우리는 현재 도기로 먹고 도기로 내보내고 있습니다. 전에는 도기 대신에 나무, 쇠, 돌, 이파리 등이 사용되었으며, 물론 아무것도 없었던 오랜 시기도 있었습니다. 그렇게 생각해보면, 도예가인 모토하라 씨가 현대의 인간을 생태학적으로 보고 있다는 것은 어떤 의미에서는 아주 당연하다고 수긍하게 됩니다.

우리는 도기와 도기 사이에 존재합니다. 인간의 신체는 음식의 통과점에 지나지 않습니다. 그러나 우리는 개인적 영위로서 음식을 먹습니다. 먹을거리를 집어넣고 그것에서 영양을 얻지 않으면 안 됩니다. 개개인의 입과 혀는 각기 별개로 독립해서 존재하기 때문에 타인과 음식을 공유하기란 물리적으로 불가능합니다. 같은 컵에서 빨대 두 개로 주스를 마시며 사랑을 확인하는 커플이 있다고 해도 같은 주스가 같은 식도를 지나는 것은 아닙니다.

그렇지만 양쪽 도기는 어느 쪽이나 공유 공간입니다. 도기의 저편은 모두에게 이어져 있습니다. 식사라는 것은 세계에 접속하는 것이라고 생각하지 않을 수 없습니다. 요컨대, 식사와 배설은 사실 동일한 행위의 경과를 드러내는 말일 뿐입니다.

특히 교육 현장에서는 식사와 배설을 이러한 관계성 속에서 이해시키는 것이 중요합니다. 농민이나 어부의 손에 의해 자연 속에서 이끌려 나와 목숨을 빼앗기고는 인간의 체내에 들어가 소화된 뒤 하수도와 오수 처리장을 거쳐 최종적으로는 다시 벌레나 미생물의 밥이 되어 자연으로 돌아가는 것입니다. 그렇게 생각하면 우리 자신도 자연환경 생태계의 일부를 이루는 존재라는 점을 잘 이해할 수 있을 것입니다.

따라서 우리는 자신의 배설물에 대해서도 책임을 져야 합니다. 개개의 인간들이 먹고 배출한 것은 최종적으로 모두 합쳐져, 미생물의 힘을 빌려 처리가 이뤄지기는 하지만, 하천으로 바다로 흘러들어갑니다.

지렁이처럼 살다

우리는 누구나 삼라만상의 세계를 떠도는 의지할 데 없고 탐욕스러운 관音입니다. 체코의 작가 카렐 차페크Karel Čapek(1890~1938)도 그런 이미지를 차용하고 있습니다. 차페크는 히틀러의 동시대인으로, 나치즘을 통렬히 비판한 저널리스트이기도 합니다. 그는 나치가 체코를 병합하기 직전에 죽었습니다.

《원예가의 한 해》(헤이본샤 라이브러리)는 그가 형 요제프 차페크Josef Čapek(1887~1945)와 함께 쓴 책입니다. 강제수용소에서 죽은 형 요제프의 그림이 또 멋들어집니다(오른쪽 그림). 인간의 몸짓과 손짓이 마치 거미나 곤충처럼 보입니다.

이를테면 원예가란 반드시 엉덩이가 머리 위에 있는 존재다, 멀리서 보면 엉덩이밖에 안 보인다, 원예를 하고 있으면 완전히는 굽지 않는 등뼈가 방해가 되므로 지렁이처럼 구불구불 움직이고 싶다고 읊조리는 식입니다.

실제로 차페크 형제는 원예가를 지렁이처럼 묘사합니다. 땅에 넙죽 엎드려 연신 흙과 씨름하며 땀을 뻘뻘 흘리고는 지쳐서 집에 돌아가는 원예가는 너무 지친 나머지 자신이 식물을 심어 가꾸어놓은 뜰을 바라보는 것도 잊곤 합니다. 차페크 형제가 인간을 지렁이로 본 것처럼, 인간이 몸짓 손짓에 솔직해지면 한층 다양한 것으로 변신할 수 있겠지요. 차페크 형제는 그렇게 좀 더 풍요로운 인간의 세계로 나치즘의 인종주의에 대항했다고 저는 생각합니다.

원예가가 나치즘에 저항했다니 하고 의아해하실 분들이 계실지도 모르겠습니다. 나치의 기아 계획을 떠올려봅시다. 인간을 인구로 환원시켜 '굶어 죽어도 상관없는 인종'을 조정措定할 정도로 오만불손한 자의식에 대항할 수 있는 자의식을 차페크 형제는 제시하려고 했습니다. 게다가 나치의 자

《원예가의 한 해》(헤이본샤 라이브러리)에서

의식은 오늘날 지구의 기아를 뒷받침하는 자의식이기도 합니다. 우리 역시 음식이 30퍼센트나 버려져도 개의치 않는 '인종'이라는 무자각의 선민 의식에 빠져 이 상황을 바꾸기를 주저해왔습니다. 말하자면 은폐된 선민 의식입니다. 이것에 대해 '등뼈가 붙어 있다고 해서 으스댈 건 없다. 인간은 결국 먹고 싸는 존재다.'라며 차페크 형제는 안이한 휴머니즘을 거부하고 인간을 입과 항문이라는 두 개의 구멍이 달린 지렁이의 형태로 바꿔놓습니다. '발화하는 지렁이'로서의 자기로 돌아가 말의 탄생에 참여하여 그 말에 근거한 정치와 경제의 '재출발'을 권유하고 있다고 생각됩니다. 재출발 뒤에 생길 말은 '먹다'라는 신체 감각에서 솟아나는 것이겠지요. 그것은 광대하고 복잡한 생물의 관계성의 일부를 구성하는 것입니다. 그리고 그 신체 감각은 즉효성을 전제로 한 경쟁사회라는 시스템이 아닌 지효성遲效性을 전제로 한 시스템을 권장하는 것이며, 그런 감각에서 솟아나는 말은 기존의 말과 시스템을 흔들 수 있다고 저는 생각합니다.

인간은 흙에서 영양을 흡수한다는 의미에서 식물과 다르지 않습니다. 단지 뿌리를 가지지 못한 만큼 식물보다 약간 뒤떨어질 뿐입니다. 먹고 배출하는 존재라는 의미에서 지렁이와도 다르지 않습니다. 다만 지렁이만큼 위장이 강인하지 않아 지렁이만 못할 뿐입니다. 그런 것을 충분히 의식할 수 있게 되었을 때에 비로소 자신이 생태계 속에 존재하고 있다는, 포이어바흐의 "인간은 먹는 존재"라는 감각을 얻을 것입니다.

'음식을 먹는 것'과 '인간이 존재하는 것'은 너무나도 밀접해서 나눌 수가 없습니다. 게다가 음식을 먹는 것은 개인의 기관의 작용만으로 설명할 수 있는 행위가 아닙니다. 되풀이합니다만, 입과 항문의 앞과 뒤에는 광대한 세계가 펼쳐져 있으며, 그 세계가 여러분에게 먹을거리를 제공하고 여러분의 배설물을 받아들여주는 것입니다.

요컨대, 식사란 우주를 몸에 관통시키는 것이라 해도 좋을 정도로 장대한 행위입니다. 인간은 혼자 식사를 할 때조차 고독하게 먹고 있는 것이 아닙니다. 거의 의식하지 못합니다만, 인간의 장내에는 100조 마리의 세균이 서식하고 있습니다. 인간은 세균의 생태계입니다. 그 세균이 인간이 먹은 것을 분해하며 소화를 돕습니다. 여기서 일어나는 화학작용은 속도가 매우 빠릅니다. 그런 변화가 즉흥적으로 펼쳐지는 세계에는 그윽한 기능미가 감돌고 있습니다.

그렇다면 적어도 인간인 우리는 소독, 살균, 멸균에 혈안이 될 게 아니라 세균에게 살기 좋은 집을 제공하는 것이 이롭지 않을까요? 식사는 인간이 생장하기 위한 활동인 동시에 인간의 생태계를 가꾸는 활동이기도 합니다. 씹고 맛보고 삼키는 동안 생물들의 유해와 잘 교섭하지 못하면, 세균들은 놀라서 활동을 정지합니다. 이미 말씀드린 대로, 지효성이란 누군가에게 효과를 맡기는 것이기도 합니다. 이 경우에 누군가란 장내세균을 말합니다. 음식을 먹는 것은 연료 주입이 아닙니다. 그것은 생물들의 사체가 자신의 신체를 통과하는 은혜를 입는 것입니다. 다양한 종류의 세균들에 먹혀 옮겨지고 그 세균의 사체에 둘러싸이면서 음식물은 새로운 세계로 여행합니다. 달리 말하면 음식을 먹는 것은 인간 주도적인 행위가 아니라 세계에 자신을 맡기는 현상인 것입니다.

발효 혁명의 기본 이념

시간이 오래 걸리는 음식이라 하면 발효식품이 있습니다. 미소(된장), 쇼유(간장), 낫토, 절임, 술, 가쓰오부시, 나레즈시

[소금에 절인 생선과 밥을 함께 발효시킨 음식으로, 스시의 원조 − 옮긴이], 빵, 요거트 등은 완성까지 며칠이고 (경우에 따라서는 몇 년이고) 기다려야 하며 지역에 따라 특색이 다른, 궁극의 먹을거리입니다. 발효식품을 즐기는 데에는 새로운 세계의 시스템을 쌓아올리기 위한 중요한 힌트가 있습니다.《현대사상》(제44권 제11호, 2016년)에서 발효학자 고이즈미 다케오小泉武夫 씨와 대담했을 때 이런 이야기가 나왔습니다.

읽고 있으면 침이 흘러나올 정도로, 고이즈미 씨는 먹을거리에 관한 글을 맛있게 씁니다. 왜 그렇게 독자의 침샘을 자극하는 글을 쓰는지 묻자, 고이즈미 씨는 "저도 침을 흘리며 씁니다."라고 하더니 "음식은 에로스다."라고 말씀하셨습니다. 발효식품의 향과 인간의 체취는 닮아 있다는 것입니다. 그것은 생각해보면 당연합니다. 발효식품은 인간의 체내에 서식하는 미생물이 신체 속에서 행하는 분해 작업을 체내가 아닌 바깥에서 거친 음식입니다.

요컨대, 고이즈미 씨는 사람이 서로 몸을 맞대고 사랑을 나누는 것과 음식을 핥고 씹고 삼키는 것은 비슷한 행위라는 것을 말하고자 했습니다. 그 이야기를 사회에 적용해보면 발효라는 현상은 폭넓은 범위를 가집니다. 예컨대 발효에는 우연성이 중요합니다. 빵을 만들 때에도 균에 의한 발효의 정도는 그때그때의 온도나 반죽의 상태 등 다양한 요소에 의해 변합니다. 그 결과로서 발효식품이 생겨나는 것입니다.

그런데다 완성을 보려면 차분히 기다려야만 합니다. 그것은 공업화에 따라 순식간에 대량생산되는 식품과는 정반대 방향을 향하고 있습니다. 글루타민산나트륨MSG처럼 전 세계 어디에서도 균질한 '풍미'는 발효에서는 생기지 않습니다. 발효 과정을 없앤 것이 먹거리의 공업화라는 말도 과언은 아닐 것입니다.

또한 고이즈미 씨는 미생물의 힘을 빌려 음식물 쓰레기나 고엽枯葉을 분해해 에너지를 충당하는 'FT 혁명'(FT는 '발효 기술'을 뜻하는 'fermentation technology'의 약어)을 제창하고 있습니다. 물론 이것은 원자력발전이나 화석연료를 사용한 발전에 대한 안티테제입니다. 고이즈미 씨의 본가가 후쿠시마에서 술도가를 하고 있었던 것이 관계가 있지 않나 싶습니다만, 후쿠시마 원자력발전소 사고가 일어나기 훨씬 전부터 제창해온 개념입니다. 저는 이와 관련해 발효식품을 만들거나 먹는 행위에는 기다리는 것과 지켜보는 것 혹은 서두르지 않으며 길러내는 태도가 바탕에 있는 건 아닐까 하고 생각했는데요. 발효 혁명이라는 것이 있을 수 있다면 그것은 단지 에너지 혁명이 아니라 세계의 시스템과 그것을 뒷받침하는 사고방식을 바꾸는 혁명이어야 하지 않을까 하고 제안했습니다.

이미 말씀드렸듯이, 음식을 먹는다는 것은 세상이 나를 먹여 살린다는 것입니다. 식사도 배설도 미생물과의 공동 작업입니다. 농업이란 원래 그런 것입니다. 특히 발효식품은 입속에 들어가기 전에 미생물들이 미리 분해하여 소화되기 쉽게 만들어준 것으로, 음식을 먹는 행위는 정말이지 주위 환경이나 생태계와 이어져 행해지고 있다는 걸 알 수 있습니다. 유기농업도 기본적으로는 화학비료와 농약을 대량으로 사용하는 방식을 바로잡아 토양의 미생물로 하여금 가능한 한 힘을 발휘하게 하려는 시도로, 부가가치를 높이기 위한 농업은 아닙니다.

민주주의에 대해 생각할 때에도 그런 사고방식이 중요하다고 생각합니다. 요컨대, 누구도 배제되지 않는 민주주의란 함께 살고 있는 생명체인 동식물을 품어 안는 자연관을 바탕으로 건설될 수 있는 게 아닐까 생각합니다. 그것은 모든 생물은 평등하다는 안이한 생태학이 아니라, 모든 인간은 입과 항문 사이에 동식물의 사체가 지나는 통로나 미생물의 서식처를 지니고 있다는 것을 전제한 자연관입니다.

굶주림 없는 민중의 민주주의, 배제 없는 민주주의는 여태껏 존재한 적이 없습니다. 누군가 내쳐지는 일은 오늘날에도 빈번합니다. 그렇지만 발효의 세계는 그런 정치의 모습에 대해 하나의 힌트를 던져줍니다. 발효를 안다는 것은 우리가 얼마나 많은 것들 덕분에 살아가고 있는지를 아는 것입니다. 생물이 복잡하게 얽히며 날뛰는 세계를 인간의 초월적 힘으로 견인하는 게 아니라, 차분히 기다리며 '알맞게 분배하는' 세계가 발효 혁명의 기본 이념이라고 생각합니다.

누가 우리를 살리고 있는 것일까요?

설교에나 어울릴 듯한 이 진부한 물음을 다시 한 번 생각해봅시다. 우선 우리 주변에 살고 있는 사람들입니다. 우리는 좋든 싫든 누구나 주변 사람들 덕에 살아가고 있습니다. 또 놓쳐서는 안 되는 것은 그 사람들이 살고 있는 자연환경입니다. 자연환경 덕분에 배를 채울 수 있으며, 자연환경의 맹위 앞에서 목숨을 잃기도 합니다. 우리는 마음은 언어환경에, 내장은 자연환경에 지배당하며 살아가는 존재입니다.

'가베'와 '밭' 그리고 '공육'

다음으로, 농업을 다시 정의해봅시다. 결론부터 말하자면, 농업 역시 원리적으로는 인간 주도적인 활동이 아닙니다.

이것을 이야기하기에 안성맞춤인 인물이 있습니다. 19세기 전반에 활약한 독일의 교육사상가 프리드리히 프뢰벨Friedrich Fröbel(1782~1852)입니다. 이 인물은 몰라도 '프뢰벨'이라는 이름을 들어본 적이 있는 분이 많을 것입니다. 아마도 현재 어린이들 사이에서 여전히 절대적 인기를 자랑하는 '호빵맨' 그림책을 출판하고 있는 회사의 이름이 '프뢰벨관フレ-ベル館'이기 때문일 것입니다. 프뢰벨관은 프뢰벨에게 경의를 표하는 의미에서 그의 이름을 따온 출판사입니다.

프뢰벨이 없었다면 현대 일본의 교육 사정도 크게 달라졌을 것이라 해도 과언이 아니겠지요. 오늘날 우리에게 친숙한 두 가지를 세상에 선물한 것이 바로 그이기 때문입니다.

하나는 독일어로 '킨더가르텐kindergarten', 즉 유치원입니다. 직역하면 '어린이의 정원'으로, 어린이가 자라는 장소입니다. 나머지 하나는 가베gabe인데요, 나무로 만든 직육면체나 정육면체 등으로 구성된 아동용 놀이 도구입니다. 프뢰벨은

이 두 가지를 통해 '기르고 길러지는' 행위를 실천하려 했다고 저는 생각합니다.

우선 중요한 것은 프뢰벨이 왜 어린이를 기르는 장소에 '킨더가르텐'이라는 이름을 붙였을까 하는 것입니다. 여기서 'garten'은 영어의 'garden', 즉 '정원'을 의미할 뿐인데 어째서 유년기 어린이들의 터전이 '정원'인 것일까요? 그것은 정원이 꽃과 나무가 자라는 곳일 뿐 아니라 채소나 보리, 과일 등 모든 먹을거리가 자라는 장소이기 때문입니다.

그리고 어린이를 기른다는 것은 말 그대로 어른이 어린이를 기른다는 것일 뿐 아니라 어린이로 하여금 자신이 식물과 함께 우주의 일원으로서 자라나고 있다고 느끼게 하는 것, 함께 자라난다[共育]는 이상을 '뜰'에 빗대어 표현한 것입니다. 프뢰벨은 아이가 자라나는 모습을 지켜보며 때로 손을 내미는 것이 어린이를 기르는 어른의 일이라고 생각했습니다. '킨더가르텐'이라는 말에는 프뢰벨의 그런 생각이 담겨 있지요.

프뢰벨의 이상이 잘 드러난 또 하나의 예가 바로 그가 개발한 '가베'입니다.

가베란 말 그대로 '쌓는 장난감'입니다. 혼자 혹은 친구들이나 주위 사람들과 어울려 함께 쌓으면서 모양을 만들어갑니다. 그러나 프뢰벨에게 가베가 가진 중요한 의미는 쌓는 데에만 있는 게 아닙니다. 무너뜨리는 것도 중요합니다. 어린이는 가베를 무너뜨리고는 그것을 다시 원래대로 되돌림으로써 우주의 원리와 접하는 것이라고 프뢰벨은 생각했습니다. 가베는 역시 심오한 장난감이라 하지 않을 수 없습니다.

하나씩 조심스럽게 쌓은 것도 때로 무너지고 망가집니다. 그러나 무너졌다고 해도 가베 조각 하나하나가 자신을 구성하는 중요한 요소라는 것은 변함없습니다. 그것을 다시 한 번 쌓아 똑같은 것을 만들 수도 있고 또 전혀 새로운 것을 만들어낼 수도 있습니다. 와르르 무너지는 소리의 세계와 느긋이 쌓아올리는 건설의 세계가 반복되는 점이 가베의 재미라고 할 수 있겠지요.

가베의 원리는 어린이를 기르는 데에도 식물을 기르는 데에도 모두 적용될 수 있습니다. 어린이는 모두 상처 입기를 반복하며 자라납니다. 식물도 마찬가지입니다. 식물형태학에 따르면, 식물은 종종 스스로 제 조직을 망가뜨리거나 죽임으로써 자라나야 할 조직만을 자라나게 합니다. 가베는 모든 생명체에 공통된 그와 같은 원리를, 더 나아가 우주 전체를 표상한다고 프뢰벨은 말하는 것입니다.

유치원과 가베로 대표되는 프뢰벨의 사상이 자라난 배경에는 19세기 유럽의 교육에 대한 의구심이 있었습니다. 프뢰벨은 철혈재상 비스마르크와 동시대인입니다. 그들이 태어난 프로이센에서는 특히 군국주의적일 뿐 아니라 교사가 학생을 억압하는 교육이 행해졌습니다. 취학 전의 어린이는 단지 체벌로써 예의범절을 가르쳐야 할 대상에 불과했던 것입니다. 어른의 말에 따르도록 예의를 가르쳐 도열시켜야 할 존재에 불과했던 어린이들이 자유롭게, 스스로 자라나는 것을 지켜보라고, 어린이들과 함께 살아가라고 프뢰벨은 부르짖었던 것입니다.

저는 식문화나 농업사 연구에 관여하고 있기 때문에 '기른다'고 하면 그 대상은 아무래도 어린이가 아니라 작물이나 곡물입니다만, 프뢰벨의 사상에서 보면 양자는 실은 아주 가까운 관계에 있는, 상호 보완관계에 있는 것입니다.

농기구와 농업 기술의 발달로 수확량을 단번에 늘릴 수 있었던 반면, 작물을 실제로 접하는 일은 줄어들었습니다. 농민의 지식은 추상적이 아니라 구체적입니다. 요컨대, 실제로 접하는 것, 형태가 있는 것이 뒷받침하고 있습니다. 농업에 종사하는 대다수의 사람은 촉각이나 미각을 신뢰하고 있었습니다. 만지거나 맛보는 것을 통해 사물을 알고 지식을 얻었습니다. 먹거리를 기르는 현장에서는 그것이 대단히 중요했습니다. 벼농사가 생업이었던 제 할아버지는 흙을 핥아 염분을 가늠했습니다. 그러나 그러한 지각은 기계나 화학의 발달과 함께 점점 자리에서 밀려났습니다. 흙의 감각, 작물의 감각을 알지 못해도 정밀한 기계가 자세한 데이터를 측정해줍니다. 흙을 핥는 감각에서 멀어져도 농업을 경영할 수 있게 되었습니다. 좋든 싫든 그것이 20세기의 농업사라고 할 수 있습니다.

어린이에 관해서도 마찬가지입니다. 어린이는 본능적으로 사물을 입에 넣고 균을 체내에 들여보내거나 사물을 만지작거리며 그 성질을 느낍니다만, 지금은 과거에 비해 이와 같은 직접적인 접촉을 통해 얻는 지식은 대폭 줄어들어 있을 것입니다. 식물과 곤충 혹은 흙이라는 존재에 접촉함으로써 이 세계를 피부로 알아가는 기회는 적어도 도시에 사는 어린이들에게는 흔치 않은 일입니다.

어린이들이 유치원에서 식물과 함께 자라나고, 가베를 쌓고 무너뜨리며 세계의 원리를 알아가는 풍경을 떠올리고 있자면, 만지는 것이나 핥는 것은 다른 무엇보다도 중요한 행위라는 생각이 듭니다. 손가락 빨기 역시 바깥세상의 균을 장내로 들여보내는 중요한 행위입니다. 그리고 식사는 긴 여행을 이어온 생물의 사체를 씹고 삼키고 분해해 자기 몸의 구성요소로서 들여보내고 배설하는 활동입니다.

프뢰벨 본인이 한 말은 아니지만, 가베와 정원으로 집약되는 그의 세계관을 부연하자면 농업이란 본래 자연이 작물을 기르는 것이며 인간은 그것을 거드는 보조원에 불과하다는 것입니다. 그리고 교육 역시 기르는 쪽과 길러지는 쪽이 이항대립을 넘어 쌍방향적으로 '함께 자라는' 공육共育으로 정의할 수 있습니다.

학문의 근원으로서 조리

식생활과 '공육'의 관계에 대해 19세기 말에 등장한 흥미로운 제언을 소개하고자 합니다.

제언자는 미국의 철학자이자 교육학자인 존 듀이John Dewey (1859~1952)입니다. 교육학자로서 그는 가베나 유치원에서 우주를 찾는 프뢰벨을 장황하다고 비판하고 프뢰벨의 유치원 이론을 비판적으로 계승해 초등교육으로 승화시키려 한 사람입니다. 그는 어느 강연에서 가베와 정원으로 대표되는 프뢰벨의 교육론을 실용주의자답게 좀 더 실생활에 뿌리내린 형태로 바꿔나갑니다. 이 강연은 1899년에《학교와 사회》라는 책으로 정리됐고 일본어로도 읽을 수 있습니다(미야하라 세이이치宮原誠─ 역, 이와나미 문고).

듀이는 이 강연에서 식생활이 교육에서 얼마나 중요한가에 대해 다음과 같은 관념도(아래의 그림)를 제시하며 이야기

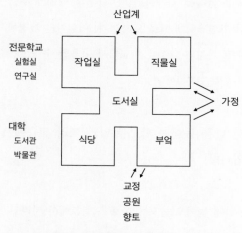

《학교와 사회》(이와나미 문고)에서

합니다. 아주 중요한 이야기이므로 함께 읽어봅시다.

이 그림의 목적은 학교가 고립 상태에서 벗어나, 내가 지금까지 말해온 바와 같은 사회생활과의 유기적 관련을 확보하기 위해서는 학교가 어떤 모습이 되어야 하는지를 보여주는 것이다. (…) 그림의 하부에는 식당과 부엌이 있으며 상부에는 목공과 금속공예를 위한 작업실 및 재봉과 직조를 위한 직물실이 있다. (…) 그림 속의 네 모퉁이가 실천적 활동을 대표한다면, 중앙부 [의 도서실]는 그 실천적 활동들을 위한 이론을 대표한다. (…) 그리고 한쪽에 가정이 있다. 가정과 학교의 부엌·직물실은 얼마나 자연스럽게 서로 오가는가! 어린이는 가정에서 배운 것을 학교로 가져와 그것을 학교에서 이용할 수 있다. (《학교와 사회》 에서, [ ]는 인용자에 의함.)

그런 다음 듀이는 학교 부엌과 조리 교육에 관해 이렇게 덧붙입니다.

부엌에 들어오는 모든 물품은 향토에서 자라난 것이다. 그것들은 토양에서 생겨 빛과 물의 영향을 받으며 자라나 지역적 환경의 다양성을 드러낸다. 교정에서 출발해 보다 큰 세계로 확대되는 이런 관련을 통해 어린이는 더없이 자연스럽게 학문의 길로 인도된다. 식재료는 어디서 나온 것인지, 그것이 자라나는 데에 무엇이 필요한지, 토양과의 관계는 어떠한지, 기후 조건의 이런저런 변화에서 어떤 영향을 받는지 등등 (…) 참된 식물 학습은 식물을 그 자연적 환경이라는 면과 동시에 그 효용 면에서, 그것도 단지 식재료로서가 아니라 인간의 사회생활에 대한 모든 적용이라는 측면에서 다뤄야 하는 것이다. 마찬가지로 조리는 가장 자연스럽게 어린이를 화학으로 이끈다. 즉, 조리 역시 일상의 경험에서 바로 이용할 수 있는 무엇인가를 어린이에게 가져다준다. (앞의 책)

여기서 '교정'의 원어는 'garden'이므로 '채원菜園'이라고 해도 좋지 않을까 싶습니다. 요컨대, 학교 인근이나 교내에 있는 뜰을 교육과 잇는 시도를 가리키는 것이리라 생각합니다. 이 강연이 행해진 120년 전은 물론이고 현대의 일본에서도 조리실은 학교 건물의 한쪽 구석에 내몰려 있습니다. 적어도 제가 알고 있는 범위에서는 실제로 그렇습니다. 학교는 사회의 거울이므로 사회 전체가 식생활 문제를 모퉁이로 몰아넣고 조리 시간을 단축하고 있는 것이며, 그 연장선상에서 가정 과목을—수험 과목이 아니기도 해서—경시하고 있는 것이라는 생각이 들기까지 합니다.

그러나 사실은 조리실이야말로 모든 학문의 근원이라고 듀이는 주장합니다. 왜냐하면 조리실에서는 식물 연구나 향토 연구는 물론이고 화학이나 조리 기술까지 배울 수 있기 때문입니다. 다만 듀이는 식당에 대해서는 별로 이야기하지 않았습니다. 저는 식당 역시 중요한 교육의 장이라고 생각합니다. 이과 학문이든 사회나 국어 혹은 가정 과목이든, 무릇 모든 학문의 뿌리가 되는 부분을 배울 수 있는 조리실과 식당은 학교의 중심부를 차지해도 좋지 않을까요? 음식은 일상의 경험과 밀접히 맞닿아 있습니다. 일상에서 배우는 것은—그와 비슷한 시도는 도쿄의 지유가쿠엔自由學園 등에서도 보입니다만—즉효성은 없으나 학문의 기초를 착실히 다져줍니다.

조리 기술은 간단히 익힐 수 있는 게 아닙니다. 차분히 해나가야 하는 것입니다. 비단 조리 기술만이 아니라 식재료를 어디서 구할지, 어떻게 기를지, 어디서 먹을지 그리고 어떻게 제대로 된 맛을 낼 수 있을지를 생각하기 시작하면 끝도 없이 시간이 걸리는 교육이라고 할 수 있습니다. 나아가 즉효성을 따지지 않는 이런 교육이야말로 이후 여러 학문 분야의 즉흥적이며 수월한 창조의 가능성을 낳는 토대가 되는 것입니다.

듀이의 제언이 미국에서 얼마나 실천되었는지는 알지 못합니다. 그러나 그의 말은 지금 들어도, 아니 정작 오늘날이기 때문에 대단히 시사적입니다.

일본 농업의 위기와 지방의 창조성

식생활을 중심으로 학문의 새로운 모습을 모색하는 듀이의 방법은 지역 발전에도 그대로 적용할 수 있는 논의입니다.

일본의 농업은 위기에 처해 있습니다. 지금껏 일본 농업의 중핵을 담당해온 세대가 은퇴하면서 경작되지 못한 채 방치되는 땅도 늘고 있습니다. 농촌의 인구가 줄어들고 있으며 고령자의 비율이 해마다 높아지고 있습니다. 경작 기능의 전승은 지지부진하며 각 지역의 독특한 식문화나 재래종, 농법도 사라지고 있습니다. 농정農政이 이렇다 할 방침 없이 갈

팡질팡하는 것도 단지 자유무역을 추구하는 안팎으로부터의 압박이 있기 때문만은 아닙니다. 전업 농업 경영도 어렵고, 모처럼 수확하여 현금을 손에 쥔다고 해도 농기계 대출금 상환 때문에 고생하는 농가가 적지 않습니다. 또한 도쿄전력의 후쿠시마 제1원자력발전소 사고는 수백 년 세월에 걸쳐 만들어진 토양을 하룻밤 사이에 방사능으로 오염시켜 농민과 어민에게 정신적·육체적·금전적 타격을 주었으며, 전국에 나도는 농작물과 해산물에 대한 소비자의 불안감을 증폭시켰습니다. IT 산업과 기계공학의 결합에 의한 농업의 로봇화와 스마트화, 기업의 농업 진출, 토지의 집적에 의한 국제 경쟁력 상승, 고품질 농산물·가공품의 수출 촉진, '공세적 농업攻めの農業'[2020년까지 농림수산물의 수출액을 1조 엔 규모로 확대한다는 일본 농림수산성의 계획 – 옮긴이] 등 그럴듯한 말은 흘러넘치고 있지만, 어느 것이나 말뿐입니다. 일본의 농촌을 조금만 걸어보아도 이 위세 좋은 말들이 힘겨운 현실과 얼마나 동떨어져 있는지 바로 알 수 있습니다.

그런 가운데 마스다 히로야增田寛也 전 이와테현 지사(총무상을 거쳐 현재 도쿄대학 공공정책대학원 객원교수)의 연구진이 '소멸 가능성 도시'를 정리한 보고서(이하 '마스다 보고서')가

《주오코론中央公論》 2013년 12월 호부터 여러 차례에 걸쳐 소개되었습니다(《지방 소멸: 도쿄 일극 집중이 불러올 인구 급감》으로 출판). 거기에는 젊은 여성 인구의 감소 예측 데이터를 기반으로 2040년에는 소멸할 수밖에 없는 896곳의 지자체가 공표되어 있는데요. 다른 한편에서 농촌을 발로 뛰며 조사를 이어가고 있는 농정학자 오다기리 도쿠미小田切德美 씨는 《농산촌은 소멸하지 않는다》에서 '마스다 보고서'가 현재 농촌에서 커지고 있는 소멸 회피 가능성을 간과하고 있다고 반론합니다. 저도 오다기리 씨의 생각에 동의하며 '마스다 보고서'에는 회의적입니다. '마스다 보고서'는 정치와 경제의 상층부가 손을 맞잡고 있는 상황에서 지방을 개발해 경제 성장을 추진하는 것이 바람직하다고 말하고 있습니다만, 그런 가치관만으로 '지방의 발전'을 논하는 것은 일방적입니다. 그것은 중앙집권 정책을 추진하려는 정부, 시정촌市町村의 선택과 집중으로 얻어질 사업 기회를 엿보는 재계에나 이로운 것입니다.

예를 들면 홋카이도, 아키타, 야마가타 등에서는 식량자급률이 100퍼센트가 넘는데도 '마스다 보고서'는 일본 전체의 낮은 식량자급률만을 문제 삼고 있습니다. 국가 단위의 자급률로 접근하면 대도시의 입장에서 지방을 내려다보게 됩니다. 이제는 도시 생활자를 지탱하기 위한 구도에서 지방 개발을 생각하기를 그만두고 각 지역이 처한 현실을 직시해야 지방에 잠재된 다양한 가능성이 나타날 것입니다.

실제로 농산촌에 살고 있는 사람들이 중앙 관청의 판에 박은 아이디어보다 훨씬 유연하게, 작은 규모의 특성을 살려 꾀를 내고 있는 사례가 많이 있습니다. 오다기리 씨도 지적하고 있는데요, 국가의 보조금을 믿고 큰 리조트를 개발하는 식의 지방 활성화는 한계에 부닥쳤습니다. 그런 방식은 더는 통하지 않는다는 걸 자신들도 깨닫고 있습니다. 골프를 치고 바로 돌아가는 관광객을 위한 골프장은 어디에나 판박이로 들어선 탓에 해당 지역의 특색이 없고 지역 주민들의 마음도 얻지 못합니다. 더군다나 제2강에서 말씀드린 식물 공장의 경우도 중앙에서 강림하는 듯한, 참사에 편승하는 개발이라는 한계를 넘어서지 못합니다. 지역민들의 시선은 외양만 으리으리하고 취약한 것보다는 작지만 강한 것을 늘려가는 방향을 향해 있습니다. 정부 주도의 지역 발전은 단연코 시대에 뒤떨어진 것입니다.

예를 들어 스사노오노미코토須佐之男命[《고지키古事記》, 《니혼

쇼키日本書紀》등 일본 신화에 등장하는 신 – 옮긴이]의 아내 이나다
히메稻田姬를 모신 시마네현 오쿠이즈모奧出雲의 이나다 신사
에서는 사무소社務所에 이즈모소바出雲そば 가게인 '히메노소
바 유카리안姬のそば ゆかり庵'을 내고 점주가 오쿠이즈모의 재래
종 '요코타코소바橫田小そば' 생산을 농가에 의뢰하여 마을 활
성화나 신사의 주변 환경 정비 등을 벌이고 있습니다. 입구
에는 지역 및 관광 안내 책자가 비치되어 있어, 오쿠이즈모
의 특산품도 살펴볼 수 있는 정보의 거점이기도 합니다. 신
사, 농업, 식문화, 지역 활성화 등을 통합하는 복합적인 감각
이 아주 매력적입니다.

또한 시가현 미이데라三井寺의 오가닉 마켓(유기농 장터)에
서는 시가의 젊은 유기농업가와 함께 이야기를 나누며 채소
를 구입하거나 맛있는 라멘과 카레, 현미 샌드위치를 맛볼
수 있습니다. 열효율이 높고 연기가 나지 않는 로켓스토브
제작 워크숍에 참가하거나, 정치나 육아에 대해 궁금한 점을
함께 이야기하고, 또 어린이들은 팽이나 죽방울을 갖고 놀기
도 합니다. 떠들썩한 모임이지만, 게스트를 초빙해 정치나 경
제에 관해 배우고 시장 참가자들로 구성된 밴드가 연주도 합
니다. 시장과 정치, 경제, 육아, 유기농업 그리고 음악이 하나

가 된 재미있는 공간을 만들어내는 데 성공한 것입니다. 여기에 모인 다양한 사람들은 다른 곳에서 팀을 이루어 새로운 이벤트를 벌이기도 합니다. 저도 이곳에서 이야기를 한 바 있고 로켓스토브도 만들었습니다.

이와 같은 곳에서는 어디든 함께 먹는 것을 중시합니다. 모두 어울려 함께 먹는 것은 모두를 불러 모으는 자석이 되며, 먹으면서 이야기하고 이야기하며 먹는 것은 즉흥적인 아이디어를 낳는 배양토가 됩니다. '함께 자라기[共育]'와 '함께 먹기[共食]'의 융합인데요, 듀이의 학교 구상과 어딘지 통하는 데가 있습니다.

원자력발전소, 식물 공장, 올림픽, 만국박람회, 카지노 시설의 경우처럼 위에서 내려오는 돈이 지나치게 많으면 지역의 국숫집에서 국수를 후루룩거리며 함께 이야기를 나누는, 뭔가를 창조해내는 즐거움 같은 것은 일거에 사라져버립니다. '개발해버리자'라는 도쿄의 시선으로 볼 때에는 결코 시야에 들어오지 않는 들판의 지혜와 창조성이야말로 일본 농업에 요구되는 것이라고 저는 생각합니다.

'기르기'의 정의

슬슬 제5강도 마무리하려 합니다.

식생활이란 미생물과 타인의 힘을 빌려 음식물이 '입에 들어가기 전', '입에서 항문까지의 과정', '항문을 통한 배설'이라는 세 단계를 통과하는 현상이며, 먹는 사람은 그 과정의 일부를 구성할 뿐입니다. 농업은 인간이 작물을 기르는 활동이 아니라 식물을 기르는 자연의 힘을 인간이 거드는 활동이라고 다시 정의했습니다. 여기서 다시금 말의 정의가 필요합니다. '기르다'라는 말입니다. 프뢰벨에 따르면 인간을 기르는 것은 식물을 기르는 것과 비슷하며, 식물을 기르는 것은 인간을 기르는 것과 공명 관계에 있습니다. 즉, '기르기'란 선생이 학생을, 부모가 자식을 기르는 것은 물론이고, 어린이가 자연과 타자 속에서 자라나는 모습을 지켜보며 부모도 함께 자라는 '공육'이기도 합니다. '기른다'는 것은 결코 일방적인 행위가 아니라 다원적인 것입니다.

식사는 음식물이 몸을 통과하는 현상. 농업은 자연을 거드는 것. 교육은 지켜보는 것. 이렇게 식생활과 농업, 교육을 폭넓게 정의해가면, 지금까지 강의에서 말씀드린 대규모, 대량생산, 효율주의, 즉효성에 근거한 매뉴얼화된 식문화와 농업의 생산양식이 아이들을 '교육하는 방식'과 흡사하다는 것을 알 수 있습니다. 경제적으로 여유로운 가정은 고액의 수업료를 들여 아이를 밤늦도록 공부시키는 학원에 보내며 치열한 입시 경쟁에 노출시켜, 학문적 영위를 단순한 훈련으로 바꿔놓습니다. 그리고 이렇게 길러진, 창조력보다는 정보처리에 능한 고학력자가 정치와 경제의 중추에 앉습니다. 일본의 교육체계는 실로 현재의 식생활과 농업이 직면한 상황과 크게 다르지 않습니다. 인간의 육성이 이런 시스템 속에서 이루어지고 있으므로, '협의' 아닌 '처리'가 되어버린 정치, 다른 시스템을 상상할 수 없게 된 정치의 모습도 쉽게 납득이 갑니다. 골프장을 개발하거나 기업을 유치하는 데에만 혈안이 된 지역 개발 구상의 빈곤함도 여기서 비롯되는 것인지도 모릅니다.

이러한 '육성 방식'은 인간의 원초적이고 기초적인 행위인 식생활을 지극히 좁은 범위에 가둬 넣고 있는 것입니다. 이를 직시하면 오히려 식사라는 것은 흔한 일상적 행위이면서도 동시에 자연과 인간이 펼치는 장대한 연극이라는 것을 알 수 있습니다.

식생활과 농업의 재정의는 효율주의에 따른 불공평한 경쟁 시스템을 바꿔가는 발판이 될 수도 있을 것입니다. 포식과 기아가 공존하는 오늘날의 상황을 근본적으로 되묻고 식생활 본래의 모습을 계속 탐구해나가고자 합니다.

강의를
마치며

즉효성과 지효성

제1강과 제2강에서 농업 기술과 군사 기술의 관련에서 출발하여 제3강에서는 식생활을 통해 20세기의 정치를 되돌아보았고 제4강에서는 포식과 기아가 동거하는 현대의 문제를 살펴보았으며 제5강에서는 식생활과 농업을 다시 정의했습니다. 언뜻 보기에는 이야기에 통일성이 없는 듯하지만, 사실은 모두 연관돼 있습니다.

전쟁이 얼마나 비참한 것인지는 제2강에서 이야기한 대로입니다. 그러나 전쟁의 파괴력은 오늘날 존재하는 무기를 전부 폐기해도 사라지지 않습니다. 평시는 물론이고 전시에도 유연히 대응하는 기술이 이미 우리의 세계를 뒤덮고 있기 때문입니다. 새로운 무기는 언제든 생겨납니다. 더는 출구가 없습니다. 처방전도, 특효약도 없습니다. 그러나 제5강에서 이야기했듯이, 그 유연한 기술의 밑바탕에 있는 생활방식을 마주하면 말 그대로 삶의 근원이라고 할 수 있는 '먹거리'

가 가공할 정도로 왜곡돼 있다는 것을 알 수 있는데요, 그러한 지점에서 식생활을 다시 정의함으로써 상황을 극복할 수 있을지도 모릅니다.

지금까지 현대의 농업과 군사, 정치와 교육의 세계는 대량 생산과 신속한 유통 그리고 즉효성이라는 원칙을 바탕으로 시스템을 꾸리고 있다고 이야기했습니다. 이런 원칙 덕에 세상은 겉보기에는 확실히 편리해졌습니다. 그렇지만 신속·즉효·결단의 사회는 우리로 하여금 자연이나 타인과 교유하는 법을 잊게 했습니다. 그것이 감성을 둔화시킨 탓에, 농지를 부치고 비료를 주는 농민과 식품을 생산하는 노동자를 기계와 비료 공장의 말단 장치로 전락시켰고, 전쟁에서의 살상은 컨베이어벨트 작업처럼 간편한 것이 되어버렸습니다.

우리는 더 나은 세상의 모습을 어떻게 그려볼 수 있을까요?

더 나은 세상은 모름지기 지효성이 경쟁을 대신하는, 효험을 느긋이 기다릴 줄 아는 시스템이라고 할 수 있겠지요. 여러 기술들이 나날이 호흡의 리듬에 맞춰 서로 거리를 조정하며 교류하는 시스템이라고나 할까요? 먼저 나서서 맞으러 가기보다는 차분히 기다리기, '생산'이 아닌 '기르기', 일방적으로 선전하는 대신에 듣고 나서 이야기하기, 지식을 주입하는 대신에 자라는 것을 묵묵히 지켜보기.

뭔가에 쫓기는 듯한 오늘날의 세계를, 즉효성을 잘 살려나가면서도 기본적으로는 지효성을 띤, 적게 만들어 천천히 옮기고 효과를 느긋이 기다리는 세계, 묻어두었던 것이 언젠가 어디선가 (그 사람이 죽은 뒤에라도) 개화하는, 놀라움과 흥분으로 가득한 세계. 개개인의 노동과 생활을 강제로 획일화하는 시스템을 이런 느긋하지만 강인한 시스템으로 서서히 바꿔나갈 수는 없을까요?

즉효성卽效性과 지효성遲效性은 토양비료학에서 쓰이는 말입니다. 비료가 작물의 영양 개선에 바로 작용하는가 혹은 천천히 시간을 두고 작용하는가 하는 것입니다. 전자는 공장에서 대량생산되는 화학비료이며 후자는 미생물의 힘을 빌리는 퇴비입니다. 퇴비는 미생물의 먹이가 되어 미생물의 서식처를 보강하고, 토양생물권을 활성화해 거기에 뿌리내리는 식물이 자라기 쉬운 환경을 만들어주는, '멀리 돌아가는' 방법입니다. 또한 이 말은 약학에서도 사용됩니다. 바로 듣는 약인가, 서서히 듣는 약인가 하는 것이죠. 신체와 정신의 세계는 복잡하고 제어하기 어렵습니다. 무릇 신체와 정신은 그렇게 간단히 나뉘는 것이 아닙니다만, 그럼에도 마치 신체나 마음이 모두 기계라도 되는 듯이 약이 투여되고 있습니다. 도를 넘었다고 여기는 사람은 저뿐일까요?

대화에서든 교육에서든, 격한 말이나 폭력으로써 상대방을 짓누르는 것은 인간을 움직인다는 의미에서는 즉효일지도 모릅니다만, 오래가지는 못합니다. 그러나 별로 마음에 담아두지 않고 한 귀로 흘린 사소한 말일지라도 그것이 나중에 서서히 작용하는 것을 경험한 사람도 많으리라 생각합니다.

지효성이란 사실 타인이나 다른 생물들의 작용을 기다려 그 작용을 활성화하는 것입니다. 그리고 과거의 자신이나 타자를 신뢰하는 것이기도 합니다. 요컨대, 시공간적 연관을 이용하는 것입니다. 즉효성이란 타인이나 다른 생물들의 작용에 의존하지 않고 그 작용의 활성화를 막는 것이기도 합니다. 그렇게 되면 그때그때 되는대로 대처하는 경향이 생기고, 독선적이 되지 않을 수 없습니다. 물론 시원스럽게 앞으로 나아가는 '패스트fast'를 부정하는 것은 아닙니다. 거꾸로 질질 끄는 '슬로slow'를 긍정하는 것도 아닙니다. 그렇게 하다가는 다양한 관계성을 '슬로' 일색으로 물들여버리기 십상이지요. 그런 이야기가 아니라, 빠른가 느린가 하는 것은 인간과 인간, 인간과 생물이 즉흥적으로 '거리'를 두는 방식 여하에 달린 것으로, 지효성이란 그 '거리'가 좋은 리듬을 이루는 관계가 될 때까지 기다리며, 경우에 따라서는 효과가 없으면 다음을 기약하자는 것입니다.

일할 시간을 아껴서 먹다

농업, 군사, 정치, 교육에 신속·즉효·결단의 경향이 현저하며, 그것이 가장 알기 쉽게 드러나 있는 것이 그 모든 것의 근원에 있는 '먹기'라고 앞서 이야기했습니다. '근원'이라고 한 것은 그저 어떤 활동을 하든 사람은 먹지 않으면 움직일 수 없다는 생물학적 이유에서만이 아닙니다. 하루에 두세 번 행해지는, 많은 부분이 관습화된 기본적 행위이므로 그 사람의 성격은 물론이고 세상의 성급함이 잘 반영됩니다. 거꾸로 말해 식생활을 점검해보면 세상의 왜곡상이 분명히 드러납니다. 폴 로버츠도 "수천 년 동안 먹거리는 사회를 충실히 반영해왔습니다. 또한 문명사회를 낳을 물질과 아이디어를 가져왔습니다. 그리고 지금 그 문명사회를 붕괴시키려 하는 것 역시 먹거리가 만든 구조입니다"(《먹거리의 종언》, 진보 데쓰오神保哲生 역)라고 말하고 있습니다.

먹기는 현대사회를 충실히 반영하고 있습니다. 먹기의 영역은 사소해지고 있습니다. 먹는 것을 제쳐놓고서라도 하지 않으면 안 되는 것이 많기 때문입니다. 먹기는 즐거움이 아니라 생략해도 상관없는 귀찮은 일이라고 생각하는 사람도 늘어났습니다. 텔레비전을 보거나 일을 하거나 전자기기를 만지며 밥을 먹는 사람도 많습니다. 젤리 식품은 일찍이 광고에서 '순간 충전'을 노래하곤 했습니다. 오늘날 식사는 자동차 주유와 같은 방식으로 바뀌고 있습니다. 기술의 발달로 조리하기도 간편해졌지만, 다양한 조미료나 즉석조리식품이 등장함에 따라 가정의 부엌은 기업이 만든 식품의 최종 공정에 편입되었다고 할 수 있습니다.

제4강에서 살펴본 대로, 이것은 먹거리체계의 '잘록한 부분'이 너무나도 가늘고 또 해당 부분을 차지하는 카길이나 네슬레 같은 기업의 힘이 지나치게 강해진 결과입니다. 생산자는 농기계나 비료, 농약, 종자 등을, 소비자는 식품을 수많은 선택지에서 자유롭게 고르고 있는 것처럼 보이지만, 실은

'잘록한 부분'의 입맛에 따른 선택지에서 골라지고 있을 뿐입니다. 먹거리체계는 상품을 연신 출시해서 구매욕을 부채질하고, 가능한 만큼 구매하도록 부추기고 소비기한을 짧게 만들어 폐기율을 높이는 '거대 장치'로 변모하고 있습니다. 그리고 우리는 그 체계에 중독되어 저항하기를 잊었습니다.

먹거리체계가 고속의 식품 소비·폐기 장치가 된 것의 전형적 사례로서, 화학조미료와 향료가—조리 과정에서 시간이 걸리는—음식의 복잡한 풍미와 발효에 의한 감칠맛 등을 대체하고 있는 것을 들 수 있습니다. 본래는 음식에 포함된 비타민, 철분, 칼슘 등의 영양소를 담은 건강보조식품은 광고를 통해 즉효성을 강조하며 시장을 키웠습니다.

그렇기에 이탈리아의 슬로푸드 운동이 제기한 물음이 중요하다고 생각합니다. 이 운동은 1980년대 중반 로마의 스페인광장에 맥도날드 매장이 개점한 것을 계기로 시작됐습니다. 현재는 슬로푸드협회가 설립되어 있으며 그 산하의 미식과학대학UNISG, 통칭 '슬로푸드 대학'이라는 기관도 2004년에 세워졌습니다. 제 나름대로 그 의의를 정리하자면, 이 운동의 근간에 있는 것이기도 합니다만, 먹을 시간을 아껴 일하지 않으면 안 되는 세상을 역전시켜 일할 시간을 아껴 먹는 세상을 상상하는 것입니다. 예를 들어 쓰지 신이 치辻信— 씨는《슬로 이즈 뷰티풀: 느림으로서의 문화》라는 저서에서 일이든 식사든 장사든 교통이든 간에 뭐든 서두르는 세상을 비판하고 '슬로라이프'를 부르짖었습니다. 저도 대학원생 시절에 읽고 영향을 받았으며 이 강의의 문제의식과도 맞닿아 있는 책인데요, 쓰지 씨의 제안은 아무래도 개인의 '생활' 감각을 '수련하는 법'에 가깝지 않나 싶습니다. 또한 '슬로'를 가능하게 하는 '체계'에 대한 논의는 약하다는 느낌입니다. 그 때문에 슬로라이프 관련 상품에 부가가치가 붙어 도리어 높은 값에 팔리는 사태에는 무력했다고 생각합니다.

지금까지 저는 '패스트'와 '슬로'라는 개념이 아니라 즉효성과 지효성의 도식을 전제로 이야기했는데요, 그것은 개별적인 의식혁명만으로는 역부족일 정도로 모래시계가 강고해졌기 때문입니다. 의식의 혁명을 항상적으로 불러일으키는 것을 넘어 모래시계의 구조 자체를 바꿔내야 합니다. 지효적인 종자나 비료를 모래 속에 뿌려두어 바슬바슬 흘러내리는 모래를 비옥하고 점성이 있는 토양으로 바꾸어가는 이미지를 저는 떠올립니다.

몇 가지의 실천을 향해

그러면 어떻게 하면 좋을까요? 한순간에 모든 것을 바꾸기란 쉽지 않겠지요. 여기서는 경쟁에서 이기기 위해 정비된 기존의 시스템을 내부에서 무너뜨려 프뢰벨의 가베처럼 다시 쌓아올리기 위한 몇 가지의 작은 실천 방식을 제시해두는 데서 그치고자 합니다.

첫째로, 기업이 유발한 명백한 폐해에 대해 항의하는 방법이 있습니다. 비판의 대상이 되는 일이 좀처럼 없는 농기계조차도 농기계에 의한 부상과 사망 사고의 피해자 입장에서 보면 안전 대책은 아직 충분하지 못합니다. 메틸수은을 강과 바다에 흘려보내거나 유독가스를 공중에 내보낸 기업은 철저히 비판받아야 합니다. 무기를 만들어 돈을 버는 기업이 있으면, 아무리 그 기술이 평시에 도움이 된다 해도 계속해서 비판적 자세를 유지해야 합니다. 그다음은 일상적으로 구입하는 물품의 점검입니다. 이와 같은 폐해를 낳는 기업이나 저임금으로 노동자를 혹사시키는, 인간의 생명보다 기업의 이윤을 중시하는 기업의 상품은 가능한 한 구입하지 않아야 합니다. 불매운동을 하면 해당 기업에서 일하는 사람들의 생활은 어떻게 되는가 하고 반론을 펴는 사람도 있지만, 그것은 시스템의 책임 소재를 잘못 생각하는 이야기입니다. 소비자는 기업의 경영을 안정시키기 위해 제품을 사는 것이 아닙니다. 인간은 걸어 다니는 지갑이 아닙니다. 수많은 사람을 괴롭히고 죽이는 제품은 만들지 않고, 만약에 만들었다면 바로 중지해서 검증을 거쳐 다른 제품을 개발할 책임이 기업에는 있기 때문입니다.

둘째로, 유기농업의 의미를 시장의 부가가치가 아닌 새로운 시스템의 핵심으로서 다시 정의하는 것입니다. 농약과 화학비료의 대량 투여를 재고하기. 이런 발언을 하면 지금 농약과 화학비료 사용을 그만두었다가는 지구상의 수많은 사람이 굶어 죽는다며 비판하는 사람도 있습니다. 그러나 이것은 결과로 소급하여 논의를 지나치게 단순화하는 것입니다. 농약과 화학비료를 과하게 쓰지 않는 농업을 향해, 조금씩 줄여가며 생산성을 확보하는 계획을 세우는 것도 충분히 가능합니다.

미생물의 힘을 최대한 이용해서 유기물을 무기물로 화학변화시켜 비옥한 토양을 만드는 농법은 '유기농법'이라 불리기도 하고 '자연농법'이라고도 하며 혹은 그저 '농업'이라 불리기도 합니다. 이와 관련해서 말씀드리자면, 유기농법이란 유기물을 논밭에 흩뿌리는 농법이 아닙니다. 그랬다가는 작물의 뿌리가 썩거나 입고병이 발생합니다. 유기물을 완전히 발효시켜 무기물로 만드는 게 중요합니다. 기계나 화학물질, 나아가 인간의 개입을 최소화하여 미생물의 작용을 거드는 농법이라고 할 수 있겠지요. '로하스'나 '에코' 같은 부가가치를 발생시키는 농법도 아닙니다. 유기농업을 하려면, 20세기를 뒷받침한 네 가지 기술 가운데서 적어도 화학비료와 농약은 가능한 한 쓰지 않고 다른 기술을 궁리해서 사용하는 방법을 찾아야겠지요. 군사와 민간 부문을 자유롭게 오가는 거대하고 움직이기 어려운 시스템과는 근본적으로 다른 논리 위에 선 시스템입니다.

셋째로, 종자를 고르는 것입니다. 먹거리와 농업을 통해 이 세상에 회복력과 즉흥성을 복원시키려는 시도는 일본에서도 많이 나타나고 있습니다. 그 시도들이 거의 전부 유전자조작 종자를 사용하지 않는다는 것은 단순한 우연이 아닙니다. 유전자조작 작물은 신체에 해를 입힐 위험이 있을 뿐 아니라 풍매風媒나 충매蟲媒 같은 자연의 영위에서 벗어나, 회복력과 즉흥성을 가진 작은 시스템의 생성과는 마찰을 빚기 때문입니다. 이를테면 '야마가타재래작물연구회'처럼 품종의 획일화 탓에 위기에 처한 재래종을 찾고, 그것을 다른 지역에서 교환하면서 부활시키려는 시도가 시스템에 대항하는 조치라고 할 수 있을 것입니다. 현재 진행되고 있는 농가 및 도로 휴게소에서의 소규모 직판장 운영은, 품목이 옥석혼효玉石混淆이긴 해도 형태나 색깔이 천편일률적인 대형마트의 채소에 대항할 잠재적 힘을 가지고 있습니다. 뒤뜰의 밭에서 채소를 기르는 농가 사람들의 용돈벌이가 되어줄 뿐 아니라 다소 모양이 고르지 않아도 싸고 맛있는 채소의 구입처로서 그 역할을 다하고 있습니다.

넷째로, 미생물의 힘을 최대한 발휘시키는 발효식품을 재고해보는 것도 종래의 시스템에 의문을 품고 새로운 시스템을 만든다는 맥락에서는 역시 의미 있는 일입니다. 미생물의 힘을 최대한 발휘시키는 유기농법과 체내에 무수한 미생물이 서식하고 있는 생태계로서의 인간은 새로운 식생활체계를 함께 제시하고 있습니다.

마지막으로, 식사 장소의 재설정입니다. 식사 장소는 오늘날 점차로 수익을 회수하는 장치가 되어가고 있습니다. 푸드코트에서는 공부가 금지되었으며 패스트푸드점은 좌석의 회전만을 중시하여 식사를 휴대전화 충전과 같은 단순한 행위로 전락시켰습니다. 앞서 이야기한 바와 같이, 음식을 먹는다는 것은 자신의 몸속을, 활발한 생태계의 일부를 음식물이 관통하는 것입니다. 마쓰바라 이와고로가 취업한 잔반 가게나 시가현의 오가닉 마켓의 경우처럼, 음식을 먹는 장소는 곧 정보가 모이고 지식을 습득하며 정치나 생활의 아이디어를 발견하는 창조의 장소이며, 무엇보다도 잠시 숨을 고르는 곳입니다. 오늘날까지는 아무래도 식사를 하는 장소라 하면 가정이 중심을 이뤄왔지만, 먹거리를 고속으로 생산, 소비, 폐기하는 장치에 대항할 거점으로서 이제는 가정 바깥에 식사 장소를 둬야 하지 않을까요? 음식을 먹는 것은 근본적으로 다양한 분야와 얽혀 있으므로, 시스템을 근본적으로 되돌아보기에도 어울리는 바가 있다고 생각하기 때문입니다.

시스템은 인간 자체가 아니라 거기에 존재하는 공기나 기술, 도구에 작용하는 것입니다. 그것을 거대한 힘으로 제어하려 들지 않고 성가시더라도 융통성 있는 기술을 고안한다, 그리고 그 시스템을 지탱하는 아이디어를 협력해서 짜내고 사람들의 소규모 모임에서 실천을 통해 검증해본다는 것. 거대한 즉효적 시스템이 우리 생활의 세부에까지 침투한 것인 만큼, 거꾸로 작고 지효적인 시스템의 거점 역시 우리 바로 곁에 있는 것입니다.

이 강의에서 말하고 싶었던 것을 다음과 같이 정리해도 좋지 않을까 합니다. 인간은 생물이 교류하는 세계를 모험하는 주체라기보다는 생물의 사체가 통과하고 또 많은 미생물이 서식하고 있는 하나의 취약한 관이라는 것. 요컨대, 생명이 변화하는 과정의 일부에 불과하다는 데에서 존재의 기반을 찾아야 한다는 것. 그 기반을 전제로 시스템을 꾸리는 것. 결과를 재촉하는 세상에서 사는 것만이 인간의 유일한 양식樣式인 것은 아닙니다. 즉단즉결로 전진하는 것 역시 마찬가지입니다. 정치와 경제 또한 과잉경쟁의 끝에 결과를 내지 못하고 '과정'으로 그친다 해도 그것이 반드시 정체인 것은 아닙니다. 고기를 공평히 배분한 중국의 진평이 보여준 것처럼, 먹을거리를 둘러싼 배려와 '알맞게 자르는 것'이야말로 정치의 기본이라고 파악한다면 먹을거리를 과잉상품화로부터 구해내, 예를 들어 학교 급식이나 '어린이식당'과 같이 공평히 배분되어야 할 것으로서 다시 생각해볼 수도 있을 것입니다.

'음식을 먹는 것'이 위장에서 끝나지 않는 영원성과 순환성을 가진 현상인 이상, 인간은 타인이나 다른 생물과의 즉흥적인 상호작용 속에서밖에 살아갈 수 없습니다. 지효성이 즉효성에 앞서는 시스템이야말로 살기 좋은 시스템이 아닐까요? 적어도 경제 발전에 경쟁을 동원하고, 협의가 아닌 즉단즉결로 밀고 나가다가 최종적으로는 공중폭격에 의존하고 마는 정치체계에서는 살아갈 수 없는 사람들에게는 그럴 것입니다.

후기

이 책은 2016년 2월부터 8월까지 여러 곳에서 음식과 농업의 역사를 둘러싸고 이야기한 내용을 여섯 차례의 강의 형식으로 재구성한 것입니다.

그중에서도 '식당 부속 대학'이라고 이름 붙인 모임에서 특히 많은 시간을 들여 이야기했습니다. 시가현에 살면서 시민의 정치운동인 '생활과 정치 카페', 자연육아 서클, 원자력발전소 난민 지원, 미이데라의 오가닉 마켓 개최 등을 시험해보고 있는 사람들—아이를 기르는 여성이 대다수입니다—을 대상으로 한 것입니다. 점심 딸린 강의였으므로 '식당 부속 대학'이라는 이름이 붙었습니다.

이 강의는 '점심 딸린'이라는 게 포인트입니다. 아니 '점심 딸린 강의'가 아니라 '강의 딸린 점심'이라고 해야 할지도 모르겠습니다.

첫 시간에는 제 연구실에서 맛있는 채소를 듬뿍 넣은 도시락을 먹으면서, 제2회는 시가현의 캠핑장에서 주워 모은

땔감으로 밥을 짓고 된장국을 끓이고 들풀을 따서 튀겨 모두 함께 나눠 먹고 나서 이야기한 내용입니다. 많은 분들이 강연료 대신에 먹을거리를 가져와주셨습니다. 갓 지어 김이 오르는 밥의 맛에 비하면 제 이야기는 말 그대로 입가심이었습니다. 그렇지만 이상하게도 저에게는 그런 위치가 딱 좋습니다. 제3회는 시가현 릿토栗東 예술문화회관 사키라의 심볼 광장에서 열린 '깜짝척척 140만 현민 집회' 중 특설된 서당에서 진행했습니다. 이 집회에서는 졸고 〈연식론緣食論: 고식孤食과 공식共食 사이〉《밥상[ちゃぶ臺]》제2호, 2016년)에서 이야기한 바 있는 '공중식당론公衆食堂論'을 바탕으로, 가족뿐 아니라 가족 이외의 사람들과 식사할 공간을 만드는 것이 갈수록 중요해지리라는 주장을 담은 시민극이 펼쳐졌습니다. 그리고 내친김에 저도 출연하게 되었습니다. 이 연극은 밥을 짓고 된장국을 끓이는 것에서 시작해 연기자와 관객이 함께 그 밥과 된장국을 먹는 피날레로 끝을 맺는 재미있는 설정입니다. 물론 무료였습니다. 제4회는 바로 그 지원 캠프에서 방사능 걱정 없이 아이들을 뛰어놀게 하고 싶은 부모들이나 지원 캠프를 운영하고 있는 시가현의 많은 분들 앞에서 이야기한 것입니다. 그때도 강의가 끝난 뒤 모두 함께 밥을 지어 먹

었습니다. 이와는 별도로 이 책에도 나온 바 있는 미이데라의 오가닉 마켓에서 '시장 부속 대학'이라 이름을 붙여 이야기를 진행한 적도 있습니다.

"식당? 연구실이나 캠핑장은 식당이 아니다, 당堂이란 건물을 의미하므로 말의 오용이다."라고 하실 분이 계실지도 모르겠습니다. 그러나 저는 지붕이 없어도, 평소에는 다른 목적을 위해 사용되어도, 그곳이 둘 이상의 사람이 함께 식사하는 장소라면 식당이라고 부르고자 합니다. 음식을 먹기 위해서만 만들어진 장소라는 개념에서 식당을 해방시키는 것, 이것이 기존의 시스템에 의문을 품는 첫걸음이라고 생각합니다.

대학에는 식당이나 병원, 상점이 딸려 있는데요, 그것을 뒤집어 대학이 학생식당의 부속물이라고 해보면 어떨까요? 식당 부속 도서관, 식당 부속 신문사, 식당 부속 병원, 식당 부속 국회의사당, 식당 부속 국제연합 등, 말을 뒤집어보면 뭔가 새로운 아이디어가 생겨날 듯해서 '식당 부속 대학'을 실제로 해본 것이 그런 생각으로 이어졌습니다.

이 책은 역사학이나 현장연구를 통해 얻은 지식을 바탕으로 하고 있긴 하지만, 학술서는 아닙니다. 정보도 일부를 제

외하고는 가능한 한 일본어로 읽을 수 있는 참고문헌이나 자료에 의거했습니다. 대상으로는 좁은 의미의 아카데미즘을 상정하지 않았습니다. 최근 수년간 대학 바깥의 다양한 사람들 앞에서 역사 이야기를 하며 학문의 터전에 대해 생각하고 있습니다. 학문이라는 것은 대학이나 연구소, 도서관과 문서실에서 배운 것이 현재진행형의 사태와 만나 튀어 오른 순간에 비로소 산성産聲을 내며 성립되는 것은 아닐까 하는 생각을 서서히 품게 되었습니다. '먹거리'와 '먹기'를 통해 학문의 새로운 터전을 생각해보고 싶다는 바람을 담아 '식당 부속 대학' 강의를 시작한 것입니다.

《유목부부遊牧夫婦》등 논픽션 작가로 활약 중인 곤도 유키近藤雄生 씨는 교토와 시가현의 '식당 부속 대학'에서 여럿이서 함께 볼이 미어지게 밥을 입에 넣고 시간을 보낼 기회를 마련해주셨으며—다른 몇 차례의 강연을 포함해—청취한 강연 내용을 정성껏 기록해주셨습니다. 그것이 책을 내는 데에 큰 도움이 되었습니다. 또한 시즈오카현 미나미이즈南伊豆에서 대중식당을 운영하는 분을 만나기 위해 폭설로 신칸센이 무척 지연되는 곤란을 겪으며 그곳까지 가서는 온천여관에 묵으며 늦게까지 술을 마시며 곤도 씨와 주고받은 이야기도 이 책에 반영되어 있습니다.

여기서 다룬 소재는 2016년의 다음과 같은 기회에 이야기한 것입니다.

4월 18일, 식당 부속 대학, 제1강(교토대학 인문과학연구소)

4월 19일, 식당 부속 대학, 제2강(시가현 구사쓰草津 기류桐生 캠핑장)

5월 8일, 시장 부속 대학(시가현 미이데라 오가닉 마켓)

5월 29일, 식당 부속 대학, 제3강(시가현 릿토 예술문화회관 사키라의 심볼 광장)

8월 8일, 식당 부속 대학, 제4강(시가현 고카甲賀 시가라키 빌라紫香樂ヴィラ)

또한 제5강 중 '일본 농업의 위기와 지방의 창조성'은 《kotoba》(제21호, 2015년 가을호)에 실은 〈일본의 농업과 먹거리는 어떻게 될 것인가〉를 바탕으로 재구성한 것입니다.

물론 내용은 제가 전면적으로 다시 썼으며 한 번 완성한 원고도 편집자와 의논한 결과 반절 정도를 새로 덧붙였으므로 원래 강연의 원형은 조금도 남아 있지 않으며, 본문의 책임은 전부 제게 있다는 것도 말할 나위가 없습니다.

역시 《kotoba》에 기고한 것을 계기로 이번 기획을 맡아주신 슈에이샤 인터내셔널의 마쓰마사 하루히토松政治仁 씨는 어두운 시대인 오늘날에야말로 독자들이 이 책을 읽어줬으면 한다고 말씀해주시거나 원고에 대한 감상을 전하기 위해서 몇 번이고 도쿄에서 교토로 찾아오시는 등 끈기 있는 에디터십을 발휘해주셨습니다. 그뿐 아니라 시가의 '식당 부속 대학'에서 맛있는 먹을거리를 입에 가득 넣고서 누구보다도 행복하게 배를 쓰다듬었던 분이 바로 마쓰마사 씨였습니다.

그리고 마지막으로, 시가현을 비롯하여 전국 각지에서 독자적인 활동을 전개하고 계시는 모든 분께 그저 신세만 지고 무엇 하나 보답해드리지 못했다는 사과의 말씀을, 그리고 마음속 깊은 감사의 인사를 전하고자 합니다.

2017년 8월

후지하라 다쓰시

참고문헌

제1강

石牟禮道子,《苦海淨土―わが水俣病》, 講談社, 1969[이시무레 미치코,《슬픈 미나마타》, 김경인 옮김, 달팽이, 2007].

石牟禮道子·藤原辰史,〈對談 いのち交わる道へ〉,《婦人之友》제110권 제2호, 婦人之友社, 2016.

奧田央,《コルホーズの成立過程―ロシアにおける共同體の終焉》, 巖波書店, 1990.

奧田央 編,《20世紀ロシア農民史》, 社會評論社, 2006.

カーソン, レイチェル,《沈黙の春》, 青樹築一 譯, 新潮社, 1974[레이첼 카슨,《침묵의 봄》, 김은령 옮김, 에코리브르, 2011].

クロイツベルガー, シュテファン/トゥルン, バレンティン,《さらば, 食料廢棄―捨てない挑戰》, 長谷川圭 譯, 春秋社, 2013[슈테판 크로이츠베르거·발렌틴 투른,《왜 음식물의 절반이 버려지는데 누군가는 굶어 죽는가》, 이미옥 옮김, 에코리브르, 2012].

神門善久,《日本農業への正しい絶望法》, 新潮新書, 2012.

コーワン, ルース·シュウォーツ,《お母さんは忙しくなるばかり―家事勞働とテクノロジーの社會史》, 高橋雄造 譯, 法政大學出版局, 2010[루쓰 코완,《과학기술과 가사노동》, 김성희 외 옮김, 신정, 1997].

生源寺眞一,《日本農業の眞實》, ちくま新書, 2011.

瀬戸口明久,《害虫の誕生―虫からみた日本史》, ちくま新書, 2009.

高尾千津子,《ソ連農業集團化の原点―ソヴィエト體制とアメリカユダヤ人》, 彩流社, 2006.

平岡昭利,《アホウドリと「帝國」日本の擴大―南洋の島々への進出から侵略 へ》, 明石書店, 2012.

藤原辰史,《稲の大東亞共榮圏―帝國日本の「綠の革命」》, 吉川弘文館, 2012.

藤原辰史,《トラクターの世界史―人類の歷史を變えた「鐵の馬」たち》, 中公 新書, 2017.

ロバン, マリー=モニク,《モンサント―世界の農業を支配する遺傳子組み換 え企業》, 村澤眞保呂・上尾眞道 譯, 作品社, 2015[마리-모니크 로뱅,《몬 산토》, 이선혜 옮김, 이레, 2009].

Williams, Robert C., *Fordson, Farmall, and Poppin' Johnny: A History of the Farm Tractor and its Impact on America*, University of Illinois Press, 1987.

제2강

荒井信一,《空爆の歷史―終わらない大量虐殺》, 巖波新書, 2008[아라이 신 이치,《폭격의 역사》, 윤현명·이승혁 옮김, 어문학사, 2015].

池內了,《科學者と戰爭》, 巖波新書, 2016.

エリス, ジョン,《機關銃の社會史》, 越智道雄 譯, 平凡社, 1993.

鎌田慧,《六ヶ所村の記録―核燃料サイクル基地の素顔》(上·下), 巖波現代 文庫, 2011.

クライン, ナオミ,《ショック·ドクトリン―慘事便乘型資本主義の正體を暴く》 (上·下), 幾島幸子·村上由見子 譯, 巖波書店, 2011[나오미 클라인,《쇼 크 독트린》, 김소희 옮김, 살림Biz, 2008].

小鹽海平,〈誰が植物工場を必要としているのか〉,《世界》855호, 巖波書店,

2014.

藤原辰史, 《カブラの冬 — 第一次世界大戰期ドイツの飢饉と民衆》, 人文書院, 2011.

藤原辰史, 〈第一次世界大戰の環境史 — 戰爭·農業·テクノロジー〉, 公益財團法人史學會 編 《災害·環境から戰爭を讀む》, 山川出版社, 2015.

ボカ, アンジェロ·デル 編著, 《ムッソリーニの毒ガス — 植民地戰爭におけるイタリアの化學戰》, 關口英子 외 譯, 大月書店, 2000.

山田眞, 《水俣から福島へ — 公害の經驗を共有する》, 巖波書店, 2014.

山室信一·岡田曉生·小關隆·藤原辰史, 《現代の起点 第一次世界大戰》 전 4권, 巖波書店, 2014.

Russell, Edmund, *War and Nature: Fighting Humans and Insects with Chemicals from World War I to Silent Spring*, Cambridge University Press, 2001.

제3강

阿部彩, 《子どもの貧困 — 日本の不公平を考える》, 巖波新書, 2008.

荒井信一, 《コロニアリズムと文化財 — 近代日本と朝鮮から考える》, 巖波新書, 2012[아라이 신이치, 《약탈 문화재는 누구의 것인가》, 이태진·김은주 옮김, 태학사, 2014].

アーレント, ハンナ, 《革命について》, ちくま學藝文庫, 1995[한나 아렌트, 《혁명론》, 홍원표 옮김, 한길사, 2004].

石井光太, 《ルポ 飢餓現場で生きる》, ちくま新書, 2011.

市野川容孝, 〈福祉國家の優生學 — スウェーデンの强制不妊手術をめぐって〉, 《世界》 661호, 1999.

李弥勒, 《鴨綠江は流れる — 日本統治を逃れた朝鮮人の手記》, 平井敏晴 譯, 草風館, 2010[이미륵, 《압록강은 흐른다》, 박균 옮김, 살림, 2016].

久保亨, 《シリーズ中國近現代史 4 - 社會主義への挑戰 1945-1971》, 巖波新

書, 2011[구보 도루, 《중국근현대사 4》, 강진아 옮김, 삼천리, 2014].

黒田喜夫, 《燃えるキリン 黒田喜夫詩文撰》, 共和國, 2016.

ジョーンズ, マイケル, 《レニングラード封鎖―飢餓と非情の都市 1941-1944》, 松本幸重 譯, 白水社, 2013.

スナイダー, ティモシー, 《ブラッドランド―ヒトラーとスターリン 大虐殺の眞實》(上·下), 布施由紀子 譯, 筑摩書房, 2015.

橋本伸也, 《記憶の政治―ヨーロッパの歴史認識紛爭》, 巖波書店, 2016.

平井正, 《ゲッベルス―メディア時代の政治宣傳》, 中公新書, 1991.

ブース, ウィリアム, 《最暗黒の英國とその出路》, 山室武甫 譯, 相川書房, 1987[윌리엄 부스, 《최암흑의 영국과 그 출로》, 구세군문학부 옮김, 구세군출판부, 2009].

藤原辰史, 《決定版 ナチスのキッチン―「食べること」の環境史》, 共和國, 2016.

藤原彰, 《餓死した英靈たち》, 青木書店, 2001.

ポランニー, カール, 《人間の經濟 I―交易·貨幣および市場の出現》, 玉野井芳郎·中野忠 譯, 巖波書店, 2005[칼 폴라니, 《인간의 살림살이》, 이병천·나익주 옮김, 후마니타스, 2017].

マゾワー, マーク, 《暗黒の大陸―ヨーロッパの20世紀》, 中田瑞穂·網谷龍介 譯, 未來社, 2015[마크 마조워, 《암흑의 대륙》, 김준형 옮김, 후마니타스, 2009].

松尾秀哉, 《物語 ベルギーの歴史―ヨーロッパの十字路》, 中公新書, 2014.

松原岩五郎, 《最暗黒の東京》, 巖波文庫, 1988.

リース, クルト, 《ゲッベルス―ヒトラー帝國の演出者》, 西城信 譯, 圖書出版社, 1971.

Gerhard, Gesine, *Nazi Hunger Politics: A History of Food in the Third Reich*, Rowman & Littlefield, 2015.

Stanley, Henry M, *In Darkest Africa*, C. Scribner's Sons, 1890.

제4강

クロイツベルガー/トゥルン,《さらば, 食料廢棄》(前揭)[크로이츠베르거 외, 앞의 책].

シュローサー, エリック,《ファストフードが世界を食いつくす》, 楡井浩一 譯, 草思社, 2001[에릭 슐로서,《패스트푸드의 제국》, 김은령 옮김, 에코리브르, 2001].

パテル, ラジ,《肥満と飢餓—世界フード·ビジネスの不幸のシステム》, 佐久間智子 譯, 作品社, 2010.

久野秀二,〈多國籍アグリビジネス〉, 桝潟俊子·谷口吉光·立川雅司 編著《食と農の社會學—生命と地域の視点から》, ミネルヴァ書房, 2014.

ロバーツ, ポール,《食の終焉—グローバル經濟がもたらしたもうひとつの危機》, 神保哲生 譯, ダイヤモンド社, 2012[폴 로버츠,《식량의 종말》, 김선영 옮김, 민음사, 2010].

제5강

ヴィリリオ, ポール,《速度と政治—地政學から時政學へ》, 市田良彦 譯, 平凡社, 2001[폴 비릴리오,《속도와 정치》, 이재원 옮김, 그린비, 2004].

小田切德美,《農山村は消滅しない》, 巖波新書, 2014[오다기리 도쿠미,《농촌은 사라지지 않는다》, 부혜진·정유경 옮김, 한울, 2018].

小田實,《世直しの倫理と論理》(上·下), 巖波新書, 1972.

小泉武夫 (文)·黑田征太郎 (繪),《FT革命—發酵技術が人類を救う》, TOYO KEIZAI, 2002.

小泉武夫·藤原辰史,〈發酵食から考える新しい'エコロジー'〉,《現代思想 總特集 微生物の世界》제44권 1호, 2016.

チャペック, カレル,《園藝家の一年》, 飯島周 譯, 平凡社ライブラリー, 2015[카렐 차페크·요제프 차페크,《정원가의 열두 달》, 배경린 옮김, 펜연필독

약, 2019].

デューイ, ジョン, 《學校と社會》, 宮原誠一 譯, 岩波文庫, 1957[존 듀이, 《학교와 사회》, 송도선 옮김, 교육과학사, 2016].

增田寛也 編著, 《地方消滅―東京一極集中が招く人口急減》, 中公新書, 2014[마스다 히로야, 《지방소멸: 인구감소로 연쇄붕괴하는 도시와 지방의 생존전략》, 김정환 옮김, 와이즈베리, 2015].

藤原辰史, 〈山師と流言―伊藤永之介論序說〉, 《文學史を讀みかえる·論集》, インパクト出版會, 2014.

藤原辰史, 〈イカの踊り食い」體驗〉 《朝日新聞》 2015년 3월 15일자 석간.

藤原辰史, 〈日本の農業と食はどうなる?〉, 《kotoba》 제21호, 2015.

藤原辰史, 〈積み木の響き(上·中·下)〉, 《現代思想》 제43권 18호(2015), 제44권 1호, 3호(2016).

藤原辰史, 〈人類の耐久性―チャペックから考える(上·中·下) 1·2〉, 《現代思想》 제44권 7호, 9호, 13호, 15호, 2016.

ラクーザ, イルマ, 《ラングザマー―世界文學でたどる旅》, 山口裕之 譯, 共和國, 2016.

제6강

辻信一, 《スロー·イズ·ビューティフル―遲さとしての文化》, 平凡社, 2004[쓰지 신이치, 《슬로우 이즈 뷰티풀》, 권희정 옮김, 일월서각, 2010].

ロバーツ, 《食の終焉》(前揭)[폴 로버츠, 앞의 책].

후기

藤原辰史, 〈緣食論―孤食と共食のあいだ〉, 《ちゃぶ臺》 제2호, 2016.